그여자가방에들어가신다

그 여자가 방에 들어가신다

여성 홈리스 이야기

1판 1쇄. 2023년 8월 21일

기획. 홈리스행동 생애사 기록팀
지은이. 김진희·박소영·오규상·이재임·최현숙·홍수경·홍혜은

펴낸이. 정민용·안중철
책임편집. 이진실
편집. 최미정·윤상훈

펴낸 곳. 후마니타스(주)
등록. 2002년 2월 19일 제2002-000481호
주소. 서울시 마포구 신촌로14안길 17, 2층(04057)

편집. 02-739-9929, 9930
제작. 02-722-9960

메일. humanitasbooks@gmail.com
블로그. blog.naver.com/humabook
SNS 𝐟 ◎ 🐦 /humanitasbook

인쇄. 천일인쇄 031-955-8083
제본. 일진제책 031-908-1407

값 16,000원

ISBN 978-89-6437-437-5 04300
ISBN 978-89-90106-16-2 (세트)

그여자가방에들어가신다

김진희, 박소영, 오규상, 이재임, 최현숙, 홍수경, 홍혜은 지음

여성홈리스 이야기

홈리스행동 생애사
기록팀 기획

앞표지에는 꾸깃한 갱지 위에 손글씨로 쓴 제목과 부제, 지은이, 기획자, 출판사 이름이 배치돼 있다. 흐릿한 회색으로 된 부제를 제외하고는 모두 검은색 펜으로 그렸다. 글씨체는 두꺼운 매직펜으로 쓴 다소 비뚤배뚤한 모양새다.

그 외의 공간에는 바퀴 달린 각진 여행 가방, 작은 손잡이가 달린 대형 짐가방, 긴 벤치와 우산, 여성 장애인 화장실 표지판이 같은 매직펜으로 그려져 있다. 모두 여성 홈리스들에게 '집'과 같은 것, 소중한 살림살이들이다. 벤치 가운데에는 홈리스가 눕지 못하도록 설치해 둔 팔걸이가 달려 있다.

뒷표지에는 여성 홈리스들이 전한 말들이 같은 손글씨로 빼곡히 들어차 있다.

차례

화장실에 사는 여자 / 가혜 이야기   이재임   9

난 나한테 높임을 써 / 기세의 강경숙   홍수경   35

지극히 작은 자에게 한 것이……   박소영
/ 광장의 서가숙   오규상   65

누가 뭐라든 꿋꿋이 / 미희 이야기   홍수경   105

두 여자 / 영주와 나   최현숙   131

너희에게 / 딸들에게 보내는 편지   김진희   171

"아저씨는 너무나 깨끗해요"
/ 돌보는 길순자 이야기   홍혜은   199

에필로그   이재임   233

덧붙이는 말
/ 홈리스가 말하는 홈리스 정책   서가숙   247

청소 안내

역사 및 출입구 청소는 야간 영업 종료 후
소독 및 물청소를 실시하고 있습니다.
주간에도 수시로 역사 청소를 실시하고 있습니다.
쾌적한 환경조성을 위해 더욱 노력 하겠습니다.

서울교통공사 서울○○역 역장

일러두기

× 이 책은 거리 쪽방 화장실 등 비적정 주거에 사는 여성
홈리스들의 인터뷰와 그녀들이 직접 쓴 글을 바탕으로
했다.

× 이름과 지명은 가명·별명을 쓰거나 장소를 달리해
표기한 곳이 있다.

× 사진 속 장소와 사람들은 인터뷰이와 직접 연관이 없는
경우가 있다.

× 저작권 표기가 없는 사진은 후마니타스의 것이다.

× 의도적으로 맞춤법을 어긴 곳이 있다.

× 단행본·정기간행물에는 겹낫쇠『 』를, 기사·논문
제목에는 홑낫쇠「 」를, 인터넷 매체, 시·노래 제목 등에는
가랑이표 < >를 사용했다.

민의 안전한 보행을 위하여
노숙행위를 금지합니다!
철도안전법 제48조)

× '홈리스'는 거리 노숙인을 포함해 쪽방 고시원 등 비적정 주거에 사는 사람을 뜻하는 말로 사용했다.

× '아랫마을'은 서울시 용산구 청파동에 위치한 반빈곤 운동 단체의 연대 공간을 말한다. '홈리스행동' '빈곤사회연대' '금융피해자연대 해오름' 등이 모여 있으며, 활동가와 당사자, 야학의 학생·교사들이 함께한다.

× '홈리스 인권지킴이'는 홈리스행동이 진행하는 현장 활동으로 매주 금요일 주요 노숙 지역을 찾아 홈리스 인권침해 상황을 살피고 지원한다.

× 2005년부터 홈리스행동은 홈리스를 대상으로 '홈리스야학'을 운영 중이다. 수업은 기초, 문화취미, 권리수업으로 이루어져 있으며, 2023년 봄학기 현재 11개 수업이 개설돼 29명의 학생이 참여하고 있다.

× '홈리스추모제'는 2001년부터 여러 사회운동 단체들로 구성된 공동기획단이 열악한 거처에서 삶을 마감한 홈리스를 기리기 위해 시작한 행사로 매년 동짓날을 기해 서울역 광장에서 열린다.

× '분도이웃집'은 올리베따노 성 베네딕도 수녀회가 운영하는 여성 홈리스 쉼터로 서울시 용산구 동자동에 위치해 있으며, 화 목 금 문을 열어 두고 여성 홈리스들이 자유롭게 이용하도록 하고 있다.

여자화장실
LADIES

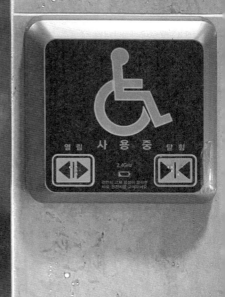

열림 사용중 닫힘

화장실에 사는 여자

가혜 이야기

이재임

이 글의 주인공은
주민등록증이 없다. 그녀는 1959년생, 이가혜라 말한다.
화장실에 터를 잡은 대가로 공원과 화장실을 쓸고 닦는다.
밤이면 문이 잠기지 않는 화장실에 누워 자주 잠을 설친다. 끌 수
없는 천장 등을 바라보며 전쟁을 떠올린다. 이따금 자신에게만
들려오는 목소리가 있다.
2021년 봄부터 가을에 걸쳐 가혜를 만났다.

가혜는요, 제가 지은 이름이에요. 오래됐어요. 십 년 넘었죠. 제가 지은 제 이름들 중에서는 제일 나아요. 누가 안 훔쳐 가는 거고요.

저는요, 서울에서 태어났고 서울에서 자랐어요. 2007년 2월 28일부터 제가 바깥 생활을 시작했어요. 문래동 홈플러스 앞에서요. 추울 땐 지하도에서 박스 깔고 자기도 하고요. 근데 지하도도 하나도 안 따뜻해. 들어가나 밖에 나오나 똑같아요.

을지로 입구에도 한 삼 년 있었어요. 거기 지하도도 노숙자실이거든요. 근데 역무실 직원들이 못 있게 해요. 왜냐면요 백화점에서 사진들 붙여 놓잖아요. 뭐 화장품 모델, 옷 입고 찍은 모델들이요. 기둥에 항상 바꿔 가면서 붙어 있어요. 그러니까 그 기둥 앞에 있지 말라고 그러더라고요. 어이구…… 잠자리를 또 어디 가서 잡아?

여기 공원으로 2015년 봄에 왔어요. 낮에는 여기 있다가 저녁에는 종각역으로 갔어요. 거기도 지하도로 들어가서 자는 사람들이 있으니까요. 그 사람들하고 안면도 있고 하니까 저더러 거기서 자라고도 말해 줘요. 그러다가

2018년인가…… 아마 18년일 거예요. 8월 말 9월 초쯤 가을이 돼서 거기서 나왔어요. 종각역 거기서도 노숙인들을 재울 수가 없다고 그러더라고요. 경비가 전부 다 내보내요. 그 지하도 입구로 나와서 자리 깔고 몇 명이랑 자다가 저 혼자 이 공원으로 아주 옮겨서 아직까지 있죠.

제가 시간을 어떻게 이렇게 잘 기억하냐면요, 저는 항상 주머니에 시계를 몇 개 넣고 다녀요. 책상 위에 놓는 조그만 카렌다도 항상 갖고 있어요. 또 『벼룩신문』 『교차로』 거기 보면 날짜 나오잖아요. 오늘이 수요일이죠? (오늘은 일요일이에요.) 아 참, 오늘이 일요일이죠. 일요일은 저기 명동성당에서 도시락 준다는 말이 있던데. 서울역도 밥이 나오지만 걸어서 가기엔 멀죠. 잘 안 가요. 옛날에 가방 메고 돌아다닐 때는 그런 쪽으로 뺑 돌았어요. 아이구 근데 계속 서있게 해서 어떡해요. 다리 아프시죠. 여기가 화장실이라 어디 앉으라고 할 수가 없어요. 안으로 들어갈래요?

화장실에 사는 여자가 있다고 했다.

"공원 화장실에서 청소해 주면서 사는 여자가 있어요. 거기 오래 살았을 걸. 나도 본 지 오래됐는데……."

아랫마을에서 함께 활동하는 홈리스야학 학생회장 서가숙이 먼저 가혜의 이야기를 전했다.

금요일마다 서울역 일대의 거리 홈리스를 만나는

아웃리치 활동을 해온 나와 동료들은 여성 홈리스가 너무 보이지 않는다고 곧잘 말하곤 했다. 서울역은 노숙인종합지원센터 등 홈리스 지원 체계가 밀집된 공간이다. 그 공간의 다수를 차지하는 남성 홈리스와는 비교적 꾸준히 관계를 이어 갈 수 있었던 반면, 여성 홈리스는 그 수가 적기도 했을 뿐만 아니라 금세 거처를 옮기는 탓에 좀처럼 관계가 이어지지 않았다. 그러던 중 듣게 된 여성 홈리스의 이야기는 반가웠다. 서가숙의 소개로 가혜와 만날 수 있었다. 더운 날에는 캔맥주를, 쌀쌀할 때는 따뜻하게 데운 두유를 나눠 마시며 가혜와 이야기를 나눴다.

2021년 8월, □□공원 화장실을 세 번째로 찾았을 때는 여름 장마가 한창이었다. 가혜는 세면대의 물기를 닦고 있었다. 그간의 안부를 나누며 화장실 세면대 앞을 서성이는 동안 어느새 대걸레를 쥔 가혜는 내 뒤를 쫓아 발자국이 찍히는 대로 얼른 자국을 지워 나갔다. 가혜의 정수리 근처에서 대걸레 손잡이가 부지런히 움직였다. 수다가 길어질 기미가 보였는지 자신이 살고 있는 장애인 화장실 칸으로 나를 들였다. 비에 젖은 신발로 들어가기가 뭐해 문가에서 주춤거리는 나를 가혜는 방이 아니라서 괜찮다며 변기 앞에 깔린 박스에 앉혔다. 사실 어디나 드러누워도 될 만큼 깨끗했지만 가혜의 목소리에는 못내 미안한 기색이 묻어 있었다. 변기 위에는 여행 가방 세 개가 차곡차곡 쌓여 있었고, 바닥에는 비닐에 쌓인 작은

집들이 가지런히 정렬해 있었다. 뒤이어 들어온 가혜는
남은 박스 몇 개를 단단히 겹쳐 세워 문이 열리지 않도록
고정했다. 화장실에 잔잔한 클래식 음악이 흘렀다.

음악은 밤에는 꺼졌다가 새벽 5시 되면 또 나와요. 그러면
저도 일어나요. 저 위에 불이 좀 밝죠. 24시 켜있어요. 공동
화장실이니까 문도 못 닫고 불도 못 끄게 법적으로 정해져
있대요.

　드나드는 사람은 수도 없죠. 지나가던 사람들도
화장실 보면 아무 때나 들어가서 볼일 보는 거고. 저는 밤
10시 되면 청소 마치고 들어와요. 잠을 못 이룰 때도
많아요. 밖이 시끄러워서일 때도 있지만 잠이 안 와서요.
새벽에 일어나면 나와야 되는데요, 앞에 경찰서 형사
분들이 막아요. 너무 일찍 나오면 위험하다고. 괜히
붙잡혀서 당하지 말고 한 5시 반 되면 나오라고 그래요. 그
시간 되면 가로등이 다 나가고 날이 밝아요. 양치하고
세수하고 그러면 날이 훤해져.

내가 여기서 하는 일은 화장실 닦아 주고 공원 쓰레질 다
해요. 하루에 몇 번씩 걸레로 바닥을 닦아 줘야 돼요. 남자
화장실, 여자 화장실 양쪽 다요. 비 오는 날은 다른 날보다
걸레질을 더 많이 해요. 사람들이 발로 밟아 가지고 물이 막

홍건하게 고이더라고요. 또 바람 불면 낙엽이 이리
굴러다니고 저리 굴러다니고 몰아닥치고.

구청에서 청소해 주러 나오는 사람이 한 분 있어요.
그분이 아침에 출근하시면 커피도 한잔씩 같이 먹고, 라면
있으면 물 끓여서 같이 먹고 해요. 제가 여기 있는 동안
청소하는 사람들이 몇 번 바뀌었어요. 그 사람들이 처음에
오면 저한테 청소를 어떻게 해줘야 되냐 물어봐요. "변기만
닦아 주세요" 하고 제가 알려 줬어요. 다른 건 내가
치우니까요. 그분들은 남자 화장실 소변보는 변기 그 밑에
동그랗게 오줌 내려가는 구녕 뚜껑 있죠. 그거 맨날 뽑아서
다 씻어 주고 가요. 근데 청소하는 사람들이 집에 가고
없으면 지저분하잖아요. 그래서 제가 쓰레질을 하고
있어요. 내가 붙잡혀서 하고 있는 거예요. 아직까지
면하지를 못하고 지금도 하고 있어요.

노숙자. 이렇게 말하면 알아요? 없어서 굶주리고 오갈 데
없는 사람들을 노숙인이라 부르는 게 아니에요. 남을 위해서
사는 사람, 도와주고 사는 사람, 그런 사람을 노숙인이라고
불러요. 노숙자들을 붙잡아 놓고 먹고사는 사람이 있어요.
그건 누구라고는 말 못 해요. 희생감이라 그러면 알아요?
갖다주는 거 먹고, 갖다주는 거 쓰고. 거리 생활하는
사람들이 다 남의 손에 붙잡혀 사는 거야. 어디서 밥 준다
그러면 노숙자들이 200명이고 300명이고 몰려와요.

자리가 다 차도 뒤에는 밥 기다리고 서있어요.

　육이오 난다는 말 들었죠? 끝나기는요. 아니요, 안 끝났어요. 지금도 얘기가 들려요. 다음 달 초에 나니까 빨리 가라고 연락이 오기도 하고 그렇거든요. …… 불안하죠. 나는 오도 가도 못하고 여기 묶여 있잖아요. 청소해야 하니까요. 노숙자들이 눈에 안 띄어서 다 갔나 보다 싶다가도 밥 준다면 또 몰려들고 하는 걸 보면…… 아직 못 가고 있는 사람들이 한둘이 아니에요, 붙잡혀 사는 사람들이요.

"뭣들 혀? 여기 앉아 갖고."

　앞치마를 매고 장화를 신은 중년 여성이 화장실로 들어오며 말했다. 인근 식당에서 일하는 그녀는 가혜에게 간단한 안부 인사를 몇 마디 건네고 화장실 칸으로 들어갔다. 내가 가혜에게 불쑥 다가가 말을 건넸듯, 가혜와 이야기를 나누다 보면 불쑥 끼어들어 안부를 건네고 가는 이들이 많았다. 가혜는 그때마다 넉살 좋게 답을 하고 수다를 이었다. 상가와 회사가 밀집한 도심 한복판의 작은 공원 화장실에는 가혜의 말대로 드나드는 사람이 많았다.

　"아~ □□공원 아주머니요? 알죠."

　나와 아랫마을에서 마주치곤 하는 홈리스야학 학생 대박 님도 가혜를 알고 있었다.

그분은 우리가 작업하느라 나무 같은 걸 자르면, 차에 싣는 것도 도와주고 그래요. 고마워서 내가 음료도 몇 번 사다 드리고 그랬어요. 오고 가면서 인사도 하고 그러지. 내 삶이 또 이러니까 그런 분 무시할 수 있는 처지도 아니고요. 내가 □□구청 공원 녹지과에서 기간제로 일한 지 올해 삼 년차거든. □□구에 있는 공원들을 돌면서 작업하는데 그분은 내가 처음 일할 때부터 계시더라고.

근데 신고가 많이 들어와요. 화장실에 가방 같은 거 있으면 지저분하다고 구청으로 민원이 들어온단 말이에요. 그분도 짐이 가방 큰 걸로 네다섯 개 쌓여 있잖아요. 민원이 들어오면 답변을 해야 되거든. 그치만 그분 건 우리가 웬만하면 안 치우지. 짐 좀 잠깐 치워 달라 하고 깨끗한 화장실 사진만 찍어 놓고 다시 짐 넣으라 하면 되니까요. 우리 기간제들 일 시키는 반장이 공무직인데, 그 사람도 그 아주머니 편의를 봐주더라고. 그 아주머니는 자기 일도 아닌데 화장실 지저분하면 청소도 하고 그러잖아요. 인심을 얻을 수밖에 없어요. 사람들이 나쁘게 안 보지.

나쁜 짓이야 우리가 하죠. 아니 뭐 나쁜 짓이라기보다는……. ○○ 공원 있죠. 거기 공원 뒤편으로 노숙자들 엄청 많았잖아요. 나무 밑에 박스집 지어 놓고 텐트 치고 많이들 잤단 말이에요. 근데 올봄에 다 철거된 거 아시죠. 그날 우리가 가서 한

거예요. 우리 기간제들이 한 20명 가서 다 때려
부쉈어. 쓰레기 압축차에 실어서 다 갖다 버렸어요.
내가 하면서도 아, 이건 좀 아닌 것 같은데 싶더라고.
그렇게 때려 부수는 걸 사진 찍어서 (홈리스행동에)
보내려다가…… 에이, 내가 뭐라고.

근데 의외인 게요, 그 사람들이 저항을 안
하더라고요. 나는 크게 저항할 줄 알았거든요. 사실
치우지 말라고 집단적으로 완강하게 저항하면 우리도
할 명분이 없어요. 철거는 마음대로 못 하는 거예요.
절차대로라면 신고가 들어왔다 그러면 짐을 일단
보관소에 치워 놓고 주인이 연락하면 돌려주거든요.
근데 올봄에는 압축차를 가져와서 바로 버려 버렸어.
원래 그렇게는 안 했거든요. 이상하더라고.

나중에 보니까 그 위가 호텔이잖아요. 박스집이니
텐트가 있던 곳이 호텔에서 내려다보면 바로 보이는
곳이었거든요. 그 호텔에서 자꾸 뭐라 뭐라 민원이
들어왔다 그러더라고요. 공원 지나가는 행인이 신고하는
경우는 적죠. 아무튼 시키는 걸 우리가 어떡해요.
사람들 다 쳐다보고 있는데 경찰 대동하고 집들
부수고, 다시는 못 자게 한다고 가시나무를 엄청
촘촘하게 심어 놨어요. 내가 심었죠. 나무에 물도
주고요.

참 안타까운 사람이 많아요. 내가 지금은 산재로
일을 못 하고 있는데 내년에도 어쩌면 또 거길 갈 수도 있어요. 서울시 산하 기간제를 연초마다 구하거든요.
공원 관리 쪽으로 여러 군데 넣어 보는 거죠. 서울 지역
어디든 뜨는 것마다 넣어 보는 거예요. 강남 같은 데도
넣어 보고. 강남은 자기네 구에는 그런 일 할 사람
없으니까요. 그중에 한 군데 되면 내년에도 일하는
거고.

어느 봄날엔가는 볕이 좋아 가혜와 함께 공원 벤치에
나앉았다. 한 손에 커피를 한 잔씩 든 직장인들은 흩날리는
벚꽃을 배경으로 셀카 찍기에 여념이 없었다.
　　"와, 봄이네요. 가혜 님은 밖으로 나오면 바로
꽃놀이하는 기분이겠어요!"
　　들뜬 내 말 뒤로 대답은 돌아오지 않았다. 가혜는
벚꽃이 쌓이고 있는 공원 바닥에 눈길을 고정하고 작게
중얼거렸다.
　　"저걸 언제 다 쓸어?"

평일에는 사람 많아요. 여긴 직장인들이 많죠. 점심시간에는
전부 다 정장 와이샤쓰 바람으로 여기 다 모여 앉아서
얘기도 하고 커피도 한잔씩 하고. 나는 멀리 간 적이 한 번도
없어요, 한 번도. 2015년부터 여기 있었다고 제가
말씀드렸죠.

언제부터인가 뒤쪽 벤치에서 우리의 대화를 듣고 있던
남자가 불쑥 끼어들었다.

내가 한마디만 할게요. 저도 이 생활을 해봐서 알아요.
여기 이 누나를 내가 안 지가 십 년 넘었어요. 내가
을지로에서 봉사 활동 할 때부터 알았거든요. 남들은
이 누나를 무시해요. 머리가…… 이러니까요. 근데
내가 이 누나를 존경하는 게 뭐냐면 되게 부지런해요.
내가 이 공원에 여자들 여섯 명까지 지내는 거 봤어요.
근데 청소할 줄 모르고, 먹을 때뿐이고, 먹고 나면
고맙다 소리 안 해. 근데 이 누나는 청소 다 해요. 여기
화장실이 진짜 어우…… 이 누나 없었으면 엄청
냄새났을 거예요. 근데 이 누나가 새벽 4시에 일어나서
청소 싹 해놔요. 그러면 말 한마디라도 좋게 하면
괜찮잖아. 근데 머리가 이러니까 되게 무시하는 거야!
　어떤 남자가 이 누나를 무시하길래 내가 그랬어.
　"아저씨, 사람을 겉만 보고 판단하지 마세요. 말을
안 해서 그렇지 사람이 겉과 속이 틀립니다."
　그러니까 날 보고 너는 뭐냐는 거야. 그래서 내가
그랬어, "내 마누라다."

내내 말이 없던 가혜는 이 대목에서 '킥' 하고 크게
웃었고 남자도 따라 웃었다.

그러니까 누나도 옆에서 어이가 없으니까 웃대요. 내가 일부러 그랬어. 그 남자 황당하게 하려고.

봐요, 서울역 같으면요, 남자가 여자랑 같이 다니면서 여자를 되게 무시해요. 술을 먹고 막 욕도 하고요. 근데 여기는 그게 없어요. 청소하고 공원 관리하는 구청 직원들이 아침 되면 커피 한잔씩 주고 음료수도 줘요. 가끔 2000원, 3000원도 주고 그래요. 왜냐면 사정을 아니까요. 나도 가끔 그 현금을 받아서…… 참 저는 시각 장애인이거든요. 다리도 쇠를 박아서 병신이에요. 이렇게 노숙을 하고 있지만 내가 그렇게 현금 받아서 누나를 주고 그래요.

아까 노숙하면서 어려운 게 뭐냐 물어봤죠. 잠자는 것, 먹는 것, 그 두 가지가 최고 힘들어요. 근데 남자들은 자려면 어디서나 잘 수 있어요. 그치만 여자분들은 힘들겠죠.

동기와 이유는 저마다 조금씩 달랐지만 가혜의 자리를 지켜 주려는 이들이 적지 않았다. 그 옹호의 전략은 '보여도 못 본 척하기'였다. 가혜가 그곳에 없는 사람인 것처럼 굴며, 겉보기에 공원의 평화는 계속되는 것 같았다.

모르시죠. 여기서 지내는 거는요, 무서움이 와닿을 정도예요. 사람이 와서 나쁘게 해서 무섭다는 말이

아니에요. 처음에는 모르고 그냥 지냈는데요, 저 화단들이
겉보기에만 화단이지 사실은 무덤이에요. 파산 면책한
사람들 무덤이요. 그 이유는 제가 모르지만 토막 치고 목숨
끊어진 사람들이 다 여기 묻혀 있어요. 2019년 가을에
애어른 할 거 없이 전부 여기 묻혔어요. 제가 봤어요. 전
그때도 청소하고 있어서 알아요. 엊그제는 죽은 애들 혼이
횡~ 하고 빠져서 가는 게 눈에 확 띄더라고요. 그걸 뭐라
그럴까…… 사람이 가는 걸로 보이는 게 아니라 뿌옇게
연기처럼 보인다고 할까. 그러니까 안 무서울 수가 없죠.
　　여기 가게도 있고 식당도 있고 하니까 낮에는
괜찮지만 밤에는 무서워요. 가게 문 닫고 사람 없고 여기
나 혼자 있으면 진짜 잠이 안 와. 화장실 문을 잠그지도
못하고 그러니까. 근데 갈 데가 없잖아요. 여기 말고 아주
낯선 곳에, 남자들만 있는 데 가서 잘 순 없잖아요. 이 노숙
생활은 전부 다 남자예요. 여자 몇 안 돼요. 여자는 안
보여요. 그나마 안면이 많이 새겨진 아저씨들이 있으면
같이 지하도 입구에서 자기도 하고 그러지. 아무 데나 가서
잘 수가 없어요. 서울역에 밥 주는 봉사단 올 때 먹으러
오는 사람들은 다 남자예요. 수십 명 수백 명이 된다고
해도 다 남자지 여자는 없어요. 여자들이 껴봐야
하나둘이에요. 온 지 며칠 안 되는 사람이 줄 서있다가
차례가 와서 밥을 딱 받잖아요? 그러면 자기네들이
가져가요. 또 받으면 자기네들이 가져가서 먹고 그래요. 다
가고 없으면 이제 내가 받아서 나 먹고. 처음 온

사람이라고 그렇게 텃세를 해요. 저는 서울역 그 집에는 잘 안 다니니까 요샌 그런 일이 없죠. 힘들어요. 힘들고 어렵고 무서운 게 이 생활이에요. 모르시죠.

에이 뭘 또 사왔어요. 지난번 밤에도 밥 해갖고 온 적 있죠? 고등어랑 나물이랑. 그때 집에 가서 야단맞았잖아요. 시부모님한테. 으응? 정말 결혼 안 했어요? 이상하다. 지난번 고등어 졸이고 나물 무쳐 온 사람은 영문 대학교 선생님 며느리라고 나는 알고 있거든요. 그 사람은 노숙인들 밥을 한두 번 해다 준 게 아니래. 그렇게 나 밥 해다 주고

ⓒ 이재임

가서 야단도 맞고 집안에 분란이 일어났대요. 그래서 내가 요물 엄마 시켜서 밥값을 주라 그랬어요. 5만 원 주고 나니까 조용하더라고요. 그 뒤로 안 오길래 나는 해결이 났다 생각했는데.

　요물 엄마 몰라요? 경찰청 2층 사는 사람 있잖아. 아무튼 그때 그렇게 야단맞고 나서는 이제 음식 같은 건 해오지 않기로 저하고 약속을 했거든요. 그날 생선 조림은 다 먹었어요. 맛있게 잘 먹었어요. 근데 앞으로 음식 배우지 마요. 음식은 배우지 마. 암만 음식 하는 거 좋아한다 해두…… 근데 통상 그 얼굴로 계시는 거예요? 아니 왜, 딴 사람들은 얼굴을 바꿔 끼기도 하고 그러잖아요.

누구와 헷갈린 거였을까. 생선을 졸여 온 이는 내가 맞지만 나는 결혼을 하지 않았고 시부모가 없다. 앞선 인터뷰 이후 한 달 여 시간이 흐르는 동안 내 행방을 궁금해 했던 가혜의 마음이 만들어 낸 상상이라고 나는 이해했다. 내가 만나 본 여성 거리 홈리스들은 적지 않은 수가 정신질환을 앓고 있었다. 그녀들이 들려주는 말이 내게 차곡차곡 쌓이지는 않았지만, 자신들이 보고 느낀 삶에 대한 어떤 은유처럼 느껴져 때론 오히려 진실보다 진실 같았다. 가혜가 들려주는 말 또한 그랬다.

부모님하고 같이 살아요? 혼자 살아요? 혼자 사는 게
편해요. 신경 쓸 데도 없고. 혼자 살면서도 행복감을 느껴요.
먹고사는 데 지장 없고 사는 데 여유 있으면 절로 느껴요.
저는 아주 어려서 시집을 갔어요. 제가 좋아서 그런 게
아니고. 애기 하나 낳고 등을 돌렸어요. 그리고 오랫동안
혼자 있다가 또 가서 애를 다섯 낳았어요. 제가 처음부터
총각하고 결혼한 게 아니거든요. 애 있고 마누라 있는
남자를 만났어요. 애만 낳았어요. 지금 남자가 키우죠, 자기
마누라하고 살면서. 지 새끼 지가 키우지 누가 키워요.
지금은 끝났어요. 결혼 생활이 길지는 않아요. 이 생활이
길지, 결혼 생활은 길지 않았어요.

내가 만나러 오지 못한 동안 뭘 먹고 지냈는지 물었다.

봉사관들이 해다 주는 밥 저는 맛있게 먹고 있어요. 3주에
한 번씩 주는 밥이 있거든요. 큰 대접에 밥 넣고 통에다가
반찬 세 가지 담아 와요. 채김치, 콩나물 무친 거, 가지나물
해서 갖다줘요. 어디서 오는 건지 잘 몰라도 하여튼 여기
공원 안에서 저녁 7시 반 되면 줘요. 또 매주 목요일마다
도시락하고 같이 오는 누룽지가 있어요. 바삭바삭하게 마른
거. 그 누룽지에 물 부어 났다가 먹기도 하고 그래요. 하루에
한 번씩 주는 밥은 없어요. 어떤 때는 가방에 팩으로 된 두유
여덟 갠가 몇 개를 가져오기도 해요. 근데 내가 자리 비운
사이에 누가 가져가서 먹고 없더라고. 그 밥 주는 봉사단은

처음에 와서 일주일에 한 번씩 올 거라더니 한참 동안 안 오더라고요. 한 두어 달 동안 안 오다가 또 오고요. 그건 돈 안 받고 주는 거니까 저는 그냥 기다리는 거죠.

봉사관들이 안 올 때는 밥이 없어요. 내가 돌아다니면서 찾아 먹어야 되는데 여기서 꼼짝을 않고 오는 거나 먹고 있어요. 화장실도 치워 줘야 하고요. 오늘은 글쎄요, 물배를 채워 놔서 밥 생각이 별로 없어요. 괜찮아요.

좋아하는 음식을 묻자 가혜는 잠시 생각하더니 말했다.

근데요, 요즘에는 수도꼭지에서 음식이 다 나와요. 모르세요? 저기 세면대에 달린 것처럼 물 틀어 쓰는 수도꼭지 있잖아요. 그걸 틀면 배추김치도 나오고, 총각김치도 나오고, 풋고추도 나오고, 반찬 종류가 다 나오거든요. 철물점에서도 팔아요. 자기가 꿀맛으로 먹을 수 있는 음식은 누구나 다 있잖아요. 저는 고등어조림, 고추 조림 그런 거 잘 먹거든요. 돼지고기 양념해서 볶은 것도요. 그 수도꼭지를 챙겨서 다니면 밥 먹으러 힘들게 돌아다니지 않아도 되잖아요. 그러면 좋을 것 같아요. 수도꼭지가 있으면 반찬이 나오니까.

돈이 필요한 순간에는 어떻게 하는지 궁금했다.

내가 그지꼴 하고 있어도 돈이 적게 나가는 게 아니에요.
저는 이 생활을 시작하면서부터 병원을 안방 드나들듯
드나들었어요. 많이 당했어요, 제가. 뼈다구도 부러지고
해서 돈을 많이 깨트리고 그랬어요. 밥 주는 거 먹고 지내도
나가는 돈이 너무 커요. 밥을 준다고 해도 여기는 일주일에
한 번씩 주잖아요. 그 일주일 사이에 다른 데로 밥 먹으러
돌아다니지 않으면 내 돈 내고 라면이라도 사서 먹어야
되는데, 화장실 청소하는 형편에 돌아다닐 수가 없어요.

　돈 들 일이 많죠. 봉사관이 해다 주는 밥도 공짜가
아니거든요. 나중에 다 갚아야 하는 돈이에요. 그 돈
갚으려면 저는 집에 가야 돼요. 집에 가야 내 볼일도 보고
돈 줄 거 다 주고 그러고 또 내가 쓸 돈도 갖고
나오는데…….

　파산 면책이라는 말 알아요? 목숨 끊고 싶은 사람들이
자기 목숨 물속에 던지는 게 파산 면책이야. 광화문에 파산
면책이 있거든요. 우리 집은 그 파산 면책 우측으로 있어요.
지금은 비어서 문 잠그고 다녀요. 작년에 갔다가 올해
들어서는 한 번도 못 갔거든요. 오늘도 집에 가려고 했는데
못 갔어요. 육이오도 터진다는데 이제 가야죠. 쓰레질도 못
하게 하고 가라는 연락이 자꾸 와요. 언제까지 가라고
지적을 받으면 그 약속을 지켜야 되는데 내가 못 지키니까
욕을 먹고 있죠. 안 가고 있을 때는 와서 짓밟아 버린대.
유괴범이라는 말 들어 봤죠? 항상 군복 차림으로 다니는
남자들 있잖아요. 가방 매고 총도 들고 다니기도 하고

여행용 가방 갖고 다니는 사람도 있고요. 그 사람들이
그렇게 말해요. 그 사람들한테 문 열어 주고 그랬다간 큰일
나요. 그 사람들을 내가 동아일보 신문사 앞에서도 보고,
시청 가는 방면에서도 있는 걸 보기도 하고 그랬거든요.
그러니까 이제 집에 가야죠.

　그동안 안 간 게 아니라 못 갔어요. 화장실에 붙잡혀
있으니까요. 이걸 누가 하고 싶어서 하겠어요. 청소한다고
월급 그런 것도 없고요. 그렇다고 내가 돈 벌어서 쓰는
것도 아니고. 밥 주는 거 그거 공짜 아니에요. 다 갚을
돈이에요.

다른 데 집을 구해 볼까 그런 생각도 있죠. 저도 이 생활하기
전에 고시원에서도 많이 살아 봤어요, 서울에서요. 쪽방에서
지낸 적은 없어요. 거긴 밥 해먹는 사람이 없어요. 그럴
공간이 없으니까. 근데 살아 본 사람은 좋다고 그러대요.
누가 돈 내준다는 사람도 있고, 한 달에 한 번씩 지가 지 돈
내서 산다는 사람도 있어요. 수급비 받아 가지고 월세 얼마
내고 한 달은 산다면서요. 바깥 생활 하면서 수급비 그런 거
신청해서 쓰는 사람들도 많아요. 잠만 자면 되니까 좋다고
하더라고요. 어렵지 않게 산다고 말하는 사람이 많아요.

　근데 나는 그거 받아 쓰고 싶은 생각은 없어요. 수급은
동사무소에서도 신청할 수 있는데요. 난 안 해요. 에휴,
그걸로 한 달 살려면 힘들어요. 월세 내고 용돈도 써야

되고 먹어야 되니까 쓸 돈이 적은 게 아니거든요. 그 돈
20만 원, 25만 원 갖고는 어림도 없어요. 난 그 돈은 안
써요. 싫어요. 임대주택이니 수급비니 받아 쓰는 사람들은
그게 다 꽁돈이라 생각하면서 쓰는 사람들이에요. 갚아야
된다는 걸 알면 안 쓸 텐데, 그게 다 공짜인 줄 알아요. 남의
돈 쓰는 거 그거 다 빚이에요.
　근데 애들이 들어가서 살 경우에는 얼마씩 나와요?
10대 애들이요. 청소년이라든가 미성년자라든가.

　나는 '법적 보호자' '부양의무자' '동일 가구' 같은
말들로 기초생활수급에 대해 설명해 주면서 물었다. "근데
10대는 왜 궁금하세요?" 가혜는 말없이 싱긋 웃기만 했다.

그래도 여기 있으면 일 년에 한 번은 세숫비누 치약 그런 게
나와요. 교회에서 나오신 분들인지 하여튼 그건 몰라도
여성들 많이 쓸 수 있는 비싼 비누 칫솔 종류를 비니루로 된
지갑에 담아서 한 세트씩 줘요. 그런 걸로 빨래도 여기서
제가 해서 입어요. 양말 티 같은 얇은 것들은 주물주물 빨아
가지고 여기 화단 나무에다가 척척 걸쳐 놓으면 잘 말라요.
비 올 때는 화장실 안에 스뎅 파이프에 걸치기도 하고 휴지
고리에도 걸치고 그래요. 근데요, 그렇게 주고 가면 나중에
돈 달라 그래요. 그런 일을 내가 두어 번 겪었어요.
　여기 음식점이 많잖아요. 보쌈집 중화요리집
커피집이요. 일하시는 분들이 오면 앉아서 얘기도 하다

가고 그래요. 그런 분들이 먹을 거, 음료수도 주고 가고요.

　　그거 제가 돈 주고 먹는 거지 그냥 먹는 게 아니에요. 근데 돈 달라 그러면 돈이 없지. 그러면 내가 저기다 연결해 가지고 돈을 주자고 얘기해요. '어디 어디서 온 사람인데 가방에다 뭘 가지고 와서 나한테 주고 갔다. 돈을 요구하는데 얼마만 줘라' 얘기를 해요. 제가 맨날 요물 엄마, 요물 엄마 하잖아요. 그 요물 엄마가 돈을 줘요, 제가 요구하면요.

　　저는 여기 자릿세 내고 쓰는 거예요. 50억씩 전셋값 내고 사는 거예요. 내가 돈을 내고 살아도 짐 갖고 나갔다 들어왔다 나갔다 들어왔다 수도 없이 해야 돼요. 지금은 좀 뜸하지만 여름내 여기 물청소한다고 짐을 전부 다 내놓으라 그러고, 뭐 한다고 내놓으라 그러고, 그러면 저 화단에다 내놔야 돼요. 그리고 저녁 되면 들여오고. 내가 집에 가면 줘야 해요. 지금은 못 가고 있지만 나중에 집에 가면 돈 다 해서 갚아야 하는 거지.

네 차례의 만남 동안 가혜는 자신이 화장실에서 사는 것에 대해 언젠가 대가를 치를 것이라고 수차례 강조했다. 때로는 "50억" 보증금을 주고 전세를 사는 거라며 이미 자릿세를 냈다고 말하기도 했다. 3주마다 나오는 도시락이나 주변 상인이 오가며 건네는 빵과 커피에 관해서도 마찬가지였다. 그런 말을 할 때 가혜는 평소의 넉살 좋은 웃음기가 사라진 표정이었다.

가혜가 터를 잡은 화장실에는 가혜 말고도 다섯 명의 여성이 살다 떠났다. 내가 가혜를 만나는 동안에도 30대 초반쯤 돼 보이는 여성이 화장실에서 함께 지냈다. 가장 최근 가혜를 찾았을 때 그 여성의 흔적은 보이지 않았다. 가혜는 그 "여자애"는 자기 집, "광화문 파산 면책"으로 돌아갔다고 했다.

의자 옆에 있는 개인 소유 물건

그것이 여행가방이던 헝겊가방이던
이던 그어떠한 것이던 그것을 지니고
사람의 것이다
내가 겪은 공무원 기차역 근무자들의
없는 모든 행위는 겪으는 사람의 ?
일뿐만 아니라 국가공무원 모두에게
좋지 않은 매김을 주게 하여 서로에게
나쁜 일이 일어 날 수도 있다

공무수행 이라는 이름으로 의도 하는대로
?는 악행은 용서가 없다

너희는 걸차림새대로 너희들의 머릿속에 ?
잣대로 값어치표 모든것들을 대접하
대 를 매겨서

우리가 가지고 있는 모든것들은 너희들?
?니고 있는 사는데에 있어야할 그 모
같은 것들이다

?은것 까지도 쓰레기라고 하는 너
공무원들은 쓰레기를 지지고 볶으고
?레기 버리라고 남의 살림살이에 ?
?회 부터 집 문서 부터 쓰레기도에

난 나한테 높임을 써

기세의 강경숙

홍수경

이 글의 주인공 강경숙은
2020년부터 서울의 한 역사를 중심으로 생활하고 있다. 폐지를
팔아서 먹고 마실 것을 마련한다. 자신의 물건을 내다버리는
역무원이나 같은 역에서 지내는 홈리스들과 갈등이 있다.
다음은 2021년 8월부터 2022년 7월에 걸쳐 경숙이 들려준
이야기다.

2020년 3월, □□역에서 인권지킴이 활동을 하던 중 한 여성이 역무원과 크게 싸우는 것을 보았다. 역무원이 그녀의 가방에 '노숙 물품 폐기 처분 경고문'을 붙였기 때문이다. 나는 그녀에게 다가가 무슨 일인지 물었다. 그녀는 눈가를 파르르 떨며 그간 역에서 겪은 일들을 쏟아냈다.

"이렇게 내 짐을 가져가서 쓰레기장에다 버린 게 한두 번이 아니야. 역무실에 가서 짐을 달라고 해도 모른 척해. 몇 시간이고 내 짐을 찾아다닌 적도 있어."

역무원이 여행객의 짐은 가만히 두면서 자신이 소지한 물건에만 경고문을 붙이고 짐을 마음대로 가져가 버리는 일이 비일비재하다는 것이었다. 내가 강경숙과 처음 대화를 시작한 날이었다.

그날 경숙은 내게 "역무실에 가서 짐 내놓으라고 몇 시간씩 말해도 안 주고" "목덜미를 잡혀 내팽개쳐지고" "욕을 먹은" 시간들에 대해 오랫동안 하소연했다. 이야기가 끝나 갈 무렵 한 역무원이 다가와 "무슨 목적으로" 대화를 하고 있냐고 물어 오면서 말다툼이 시작됐다. 역무원은 "노숙자들이 역사 내에 있으면 안 되는 건 규정이고, 우리에게 노숙자 일은 업무"라고 했다.

상황을 정리한 후 근처에 피해 있던 경숙에게 가보니
가슴팍을 문지르며 몹시 불안해하고 있었다. 자신을
쫓아내려는 사람들이 24시간 감시하는 공간에서 먹고
자고 생활해야 하는 긴장감이 전해졌다.

이후 나는 매주 역에서 경숙을 만나 이야기를 나눴다.
주로 역에서 겪은 일들, 만난 사람들에 대한 것이었고 역에
오기 전의 삶이나 이름, 나이 등과 같은 사적 정보에
대해서는 함구했다. 아마도 나와 적당한 거리를 유지하고
싶었던 것 같다. 하지만 역사에서 경숙이 겪는 일들에 대한
이야기만으로도 매번 시간이 부족하게 느껴질 정도였다.

이건 절도야, 절도

할 얘기가 많아. 난 여기서 몽땅 다 잃어버렸어. 역에 남녀
차별이 있어. 사내놈들은 1번 출구 쪽에 가방을 놔둬.
두루마기나 박스 같이 부피가 큰 것도 두거든. 근데
직원들이 여자들, 그중에서도 나만 찍어서 짐을 갖다 버리고
역에서 나가라고 해. 다른 사람들은 안 건드리는데 왜 나만
그러는지…….

역 안에 공중전화 있는 데 있지? 작년 여름에 거기다가
짐을 뒀어. 그러곤 깜빡 졸았어. 근데 그사이에 없어진
거야. 역무원은 자기가 안 가져갔다고 하고, 청소들도 안
가져갔다고 하고. 그때 짐 찾느라 밥도 쫄쫄 굶고, 물 한

방울도 안 마시고 이리 뛰고 저리 뛰었어. 밤까지 찾으러 다녔는데 쓰러질 것 같았다고.

그러다 '청소'가 가져갔다는 걸 알게 됐어. 인천 사는 송 아무개인데 이미 퇴근했대. 그 직원한테 전화 연결해 달라고 해서 당장 오라고 했어. 그때가 밤 12시였는데 내일 아침에 이야기하재. 내 짐을 돈으로 물어 주겠다는 거야. 그래서 내가 "현금으로 1억 있냐" 했어. 그니까 이 사람은 그냥 농담으로 안 거야. 그 짐가방에 (종이컵을 들며) 요만한 명란젓이랑 오징어젓갈 배추김치 옷도 있고…… 하여튼 다 있었어. 종이돈하고 무거운 동전 한 뭉치도 있었어. 금돈(10원), 은돈(50원, 100원, 500원), 다 폐품 팔아서 모은 돈이야. 그게 나한테 중요한 거고 다 돈이잖아. 물건도 다 새거였단 말이야.

다음 날 아침에 내가 3번 출구에 있었는데 그 직원이 왔어. 근데 자기는 아무것도 모른다면서 시치미를 딱 떼는 거야. 그래서 내가 "짐가방에 뭐가 있었어요?" 물으니까 날 치매 걸린 늙은이로 아는지 "아무것도 없었어요" 이러는 거야, 빈 가방이었대. 그 안에 있던 옷은 어떻게 했냐니까 흠칫하더라고. 그 안에 젓갈 새거 두 통, 김치도 두 통 있었고, 옷도 있고, 무거운 돈도 한 자루 있는데 그거 다 어떻게 했냐고 하니까 지갑에서 2만 원을 꺼내서 주는 거야. 아니 거기 있는 현금만 해도 얼만데 이거 가지고 되겠냐고 하니까 그냥 내빼고는 그날부터 날 피해 다녀. 용역끼리 모이는 사무실에 가보니 도망가서 없어. 그걸로 그냥 끝났어. 인간들이 말야, 가져갔으면서 안 가져갔다고 잡아떼고, 창고에 있으면서 없다고 잡아떼는 게 날도둑놈이지, 인간 아니지.

철도경찰도 뭐 없어져서 씨씨티비 보여 달라고 하면 안 보여 줘. 한번은 가방 없어져서 분실물 센터에 찾아갔었거든. 씨씨티비 확인해 보자니까 등 떠밀고 문을 홱 닫아 버려. (유리)문 앞에서 한참을 서있었지. 근데 씨씨(티비)도 안 보고 가만히 앉아 있더라고? 그래서 나도 계속 가만히 있으니까 반대쪽 복도에서 경찰 하나가 와서 무슨 일이냐 물어. 씨씨티비 보러 왔다니까 확인해 보고 이야기해 줄 테니 가있으래.

근데 이틀을 기다려도 안 와. 한 번도 다시 온 적 없어. 그러고 마는 거야. 내가 번번이 가서 결과를 물으면 거기는 씨씨티비가 없는 곳이라거나 안 보이는 곳이라고 해. 뭐 없어질 때마다 찾아갔거든. 카메라가 사람한테 가려져서 안 보인다는 둥 거기서 이야기해서 된 일이 없어. 삐까뻔쩍한 사람이 가방 없어졌다고 신고하면 "기다려 주십시오" 이러면서 연락하고 찾아주겠지. 나는 길바닥에서 먹고 자는 사람이니까 한마디로 무시하는 거야.

역무원은 네 명이 한 조로 23시 반이나 24시에 역을 한 바퀴 돌고 한 30분 있다가 퇴근하거나 숙직실에서 자고 아침

일찍 가버려. 애들은 출근하는 대로 수레 같은 걸 끌고
나와서 노숙인들 짐 다 실어서 내다 버리거나 역 안 창고에
넣거나 해. 보통 나 모르는 사이에, 화장실 같은 데 간 사이에
짐을 가져가. 사람 없을 때 가져가는 것도 절도야, 절도. 근데
자기네들은 정당한 일 한다고 하더라고. 물건 돌려 달라고
하면, "가져간 걸 내주면 우리가 심부름꾼이냐" 그래.
길바닥에 버렸으니까 나가서 찾으라 하고. 나는 거리를
헤매는 거지.

　　역무원들이 짐가방을 가져갈 때 물건 가져가겠다고
딱지(폐기 처분 경고문)를 붙여. 일종의 경고장이지. 딱지는
자기네들이 붙이고 싶으면 붙이고 안 붙이고 싶으면 안
붙이더라고. 근데 가방이 하나면 앞쪽에 하나만 붙이면
되잖아? 근데 앞뒤 옆에 다 도배를 해. 그래서 내가 "이거
다 세금이야"라고 했어. 하나만 붙이면 알 것을 왜 도배를
하는 거냐 그러니까 역무원이 나한테 세금도 안 내고
살면서 그런 말을 하냐는 거야. 내가 왜 세금을 안 내? 내가

© 홈리스행동

물건 하나를 사도 10분의 1이 세금인데.

우리는 먹는 것도, 마시는 것도 다 쓰레기래

역무원 중에 머리 하얀 사람 본 적 있어? 김영철이라고 여든몇 살로 보이는데 한 달에 두세 번만 출근해. 어저께인가 나왔다 싶으면 그다음 주에 오더라고. 내가 밤 11시 반 넘어서 까만 봉다리에 먹을 걸 넣고 있었어. 그때 김영철이 출근한 거야. 날 가만히 보더니 역에서 나가라고 소리를 질러 대면서 (옷 뒤쪽 목깃을 가리키며) 여기를 막 잡아끌어. 난 질질 끌려 나가면서도 나대로 안 끌려가려 하고. 그렇게 역 밖까지 나가선 내가 자빠지거나 말거나 확 밀쳐. 아무 데서나 그래. 가끔 직원들도 말릴 정도야. 자기가 하고 싶은 대로 소리소리를 지르는데 손님(승객)들은 할 일 하나 보다 하고 본척만척하는 거지. 내가 이 생활을 하고 있지만 몇 년 전만 해도 듣도 보도 못한 일이야. 역 직원들은 표 판매하고 안내 방송만 하는 줄 알았지 이렇게 폭력을 할 줄은 몰랐지.

나는 앉을 때 ○○마트에서 나온 박스를 깔고 앉거든. 그러니까 한창일이라는 역무원이 나한테 "이 쓰레기는 뭐냐" 이러는 거야. 그래서 내가 "이게 쓰레기냐, 깔고 앉는 거다" 그러니까 빨리 치우라고 하더라고. 내가 먹는 것도 쓰레기라고 해. 그럼 나는 "쓰레기가 아니라 먹을 거예요. 당신은 쓰레기 먹고살아요? 다 같은 거예요, 물하고 다 당신들이랑 같은 거 먹어요"라고 하지. 자꾸 내가 가진 건 밥이고 도시락이고 다 쓰레기니까 갖다 버리라는 거야. 손님들이 들고 있는 쓰레기는 손님이 가지고 있는 거니까 말을 안 해. 근데 우리는 먹는 것도 마시는 것도 쓰레기야.

한번은 먹을 걸 담은 봉다리가 없어진 거야. 역 안에 가보니까 쓰레기통에 엎어져 있더라고. 보니까 한창일이 한 짓이야. 일단 음식을 다 꺼냈어. 곧 경찰이 왔어. 내가 112 부르라고 하도 악을 쓰면서 소리 지르니까 온 거야. 내가 "다들 봐라. 이게 쓰레기로 보이냐" 하니까 한 여직원이 "이거 다 먹을 거네" 하더라고. 그러니까 한창일이 나보고 쏟아진 음식을 담아 가라는 거야. 나는 "쏟은 놈이 담아야지. 왜 내가 담냐, 쏟은 놈한테 담으라고 해라" 했지. 그러니까 왜 반말하냐고 뭐라고 해. 아니, 반말을 듣게끔 하잖아. 높임말을 듣게끔 했어?

난 그놈들이랑 싸울 때는 나한테 높임을 써. 저것들한테는 반말하고 나한테는 높임말을 쓰는 거지. "내가 왜 하시냐" 이런 식으로. 자기들이 볼 때는 내가 악질이지. 따지고 드니까.

결국 음식은 경찰이 담았어. 한창일은 직원들이 보고 있는데 못 하지. 사람이 자리에 없을 때 가져가서 창고에 감춰 두고 안 가져갔다고 하고, 마음대로 버리고…… 정말

야비한 짓이야. 그거 다 도둑질이야. 그러고서 가져갔냐고
하면 열이면 열, 안 가져갔다고 말을 맞춰.

한창일하고는 한두 번 싸운 게 아니야. 내가 개한테
"너 뭐하는 놈이야" 했거든. 그러니까 나한테 뽈뽈거리며
달려들려고 해서 직원들이 말렸지. 어느 날엔 내가 역사에
있는 소독제를 쓰는데 사무실에서 막 뛰어나와서 왜
쓰냐고 화내. 노숙자, 그지니까 쓰지 말란 말은 차마 못
하고 손님들 쓰라고 둔 거니 쓰지 말라고 하더라고. 그래서
내가 "그 말대로라면 소독제는 손님 거니까 직원들도 쓰지
말라" 했어. 노숙자가 소독제 쓰는 게 안 되면 일꾼도 쓰면
안 되지.

먹지도 입지도 쓰지도 못하고
홀랑 잃어버리는 거야

□□역에 온 건 이 년 정도 됐어. 원래는 △△역 근처에 있는
□마트에서 장을 봤어. 근데 직원들이 대접을 아주 안 좋게
하는 거야. 내가 운동화 청바지에다가 배낭 메고 다니잖아.
차림새가 삐까뻔쩍해야 도둑년도 손님 대접 받는 거지. 내가
이런 대접을 받으면서 여길 왜 오나 싶어서 □□역으로
왔어. 이 역에 있는 ○○마트 때문에 여기로 온 거지. 대합실
의자 등받이가 없어서 불편하지만 시내가 가깝잖아. 다른 역
의자는 쇠로 되어 있고 등받이가 있대. 근데 오래 앉아 있을

분위기는 아니라 하더라고. 여기서는 사람들이랑 계속 싸우고 관계가 안 좋지만, 그래도 계속 있는 거야. 마트도 있고 다른 곳보다 나으니까.

나는 보통 새벽 4시 전에 일어나. 같은 벤치에서 자는 여자가 부스럭거려서 일어나지. 밤에 깊게 잠들면 안 돼. 고물상에 팔 걸 하나라도 더 모아야 하는데 잠을 자면 못 가져가니까. 또 ○○마트가 노는(닫혀 있는) 동안 폐지를 실어 나를 딸딸이(카트)를 빌려 써야 하거든. 내가 딸딸이 쓰는 걸 마트 직원이 보면 뺏어. 그러니까 내가 잘 때도 마음이 막 조이는 거지. 일어나면 침낭이랑 짐 정리해서 역 안 의자 밑에 들여다 놔. 그리고 ○○마트 딸딸이 가져가서 근방을 돌며 가게에서 나오는 폐지를 주워. 오전 7시 전에 고물상에 들고 가서 팔고, 딸딸이는 다시 마트에 갖다 두는 거지.

요즘 폐지 단가가 30원까지 떨어져서 하루에 몇백 원에서 1000원 정도 벌어. 진짜 많이 벌면 2000원. 더 벌고 싶지만 가게 전체를 휩쓰는 남자가 있거든. 텐트촌°에 사는 키 큰 남자가 폐지를 다 가져가. 한번은 자기가 다 가져간 다음에 찌꺼기만 남았는데 내가 주우려고 하니까 눈깔을 부라리면서 그것까지도 자기가 가져간대. 참 욕심도 많지. 근데 그 몇 푼 되지도 않는 걸

°　□□역 근방에 있는 텐트촌을 말한다. 현재 20여 명의 홈리스가 비닐과 천막, 종이상자 등으로 집을 지어 살고 있다.

벌려고 아등바등하는 나도 참 한심하지, 한심해. 그거 몇 푼
한다고 남들 다 자는데 일어나서…….

아침에 폐지 하고 역으로 돌아와. 오후에는 잠이
쏟아지니까 의자에 앉으면 그냥 자는 거야. 오줌 마려운
것도 귀찮아. 아휴 물 좀 마셨다고 오줌은 왜 마려워.
화장실에 오줌 누러 가서도 자는 거야. 그러다 여기 어디야
하면서 깨고. 어떨 때는 역 바깥에 앉아서 물 마시다가
자는 거지. 물은 바닥에 엎지르고.

그렇게 돈 벌어서 ○○마트에서 필요한 물건을 사.
화장품이나 영양제도 하나 더하기 하나 할 때 사면
반값이거든. 그럴 때 다 산다고. 내가 인덕이 없어서
사람들이 자꾸 물건을 가져가나 싶더라고. 그래서
다이소에서 눈썹 그리는 거 사서 눈썹을 새까맣게 그려
봤어. 명란젓 같은 거 사려면 3000원, 4000원 하니까 그런
거 사려고 돈을 모으지. 근데 먹지도 입지도 쓰지도 못하고
홀랑 잃어버리는 거야. 그러니까 속이 타들어 가지.

음식은 교회 같은 데서 도시락도 주고, 거기서 반찬도
딸려 오니까 잘 안 사먹는 편이야. 반찬 중에 고추조림
같이 매운 건 그냥은 못 먹으니까 물통에 담아. 김치
깍두기 같이 양념이 매우면 물통에 넣어서 물이랑 같이
먹는 거야. 그럼 버리지 않아도 되고 소화도 되니 좋잖아.
내가 좋아하는 반찬으로 만든 물통이 많은데 다
쓰레기라고 하고 아무도 인정을 안 하는 거야. 다 갖다
버리기만 하고. 그럼 또다시 만들어야 해.

여기서 밥 먹고 하는 것들은……

내가 여기서 살다 보니까 자기가 말하는데 귀 기울이지 않으면 ××년이라고 불러. 입 다물고 있어도 ××년, 말을 해도 ××년, 여기 다 ××년이야. 누가 그렇게 부르냐고? 노숙자 거지들이지. 여기서 술 먹고, 아무 데서나 오줌 누고. 나이 먹거나 적거나 상관없이 그런 놈들이 있어. 자기가 떠들고 주변 어지럽히는 건 마음 안 쓰고 남이 말하면 주먹부터 올라와. 밤에 자야 하는데 떠들고 술 마셔서 좀 작게 말하라고 하니까 "이 ××년이" 하면서 막 때려. 내가 덩치 큰 남자면 그렇게 못 하는데 여자니까 더 그러는 거지. 자고 있으면 손을 덥석 잡기도 해. 발목이나 팔을 만지기도 하고. 그럼 자다가도 화들짝 놀라서 일어나. 자기가 달라고 하면 줘야지 맘대로 안 되면 "××년아" 그러고. 난 그런 사람들 상대하고 싶지 않아.

　김영철이 머리 짧은 애(다른 여성 홈리스)랑 싸울 때 "××년"이라고 했는데, 나한테도 그래. 직원들한테 그래, 여기서 밥 먹고 하는 것들은 다 "××놈" "××년"이지. 역무원이 공무원이면 일 처리 잘하고 품위 있을 줄 알았는데 인간들이 아주 아니야. 그래서 나는 그것들한테 높임말 절대 안 쓰고 반말해.

　나는 돌아다니면서 이 인간 저 인간 일대일로 싸울 때가 많아. 머리에 똥자루 매단 애가 있어. 노숙한 지 사십 년이 넘었다는데 머리카락을 한 번도 안 잘랐는지

무릎까지 내려와. 그걸 똘똘 뭉쳐서 자루에 넣고 다니는
거지. 4시 반에 역 문이 열리잖아? 그럼 괜히 역 안을 한
바퀴 돌아. 그럼 나는 재가 또 뭘 훔치러 들어왔구나
생각해. 비슷하게 생긴 사람이라도 나타나면 걔인가
싶어서 가슴이 철렁하고 아주 말도 못 해. 매일 내 물건을
훔쳐 가거든. 내 짐 중에서 알짜배기를 담아 둔 것만 낼름
가져가. 그러곤 자기가 안 가져갔다고 거짓말하면서
남한테 뒤집어씌우고. 왜 그렇게 사는지 모르겠어. 걔
기둥서방 놈도 여기 산 지 삼십 년이 넘었대. 그러니까
둘이서 정보에 쌈박한 거야. 어디서 뭘 주는지 아니까 더
많이 얻어먹고. 줄 서서 받으면 말을 안 해. 새치기도 막
하고 탐욕을 부리면서 난리를 쳐.

　도시락 나눠 주는 천주교 단체가 걔한테 '이사벨'라는
이름을 붙여 줬어. 봉사자가 "이사벨, 여기 와봐" 이러니까
줄 서있던 사람들이 "이사벨이 누구야" 하면서 수군거려.
알고 보니까 그 여자야. 하느님 말씀 중에 죄인을 착하게
돌려놓으라는 게 있어. 그 말씀대로 저 인간한테
'이사벨'이라는 이름을 붙여서 사람을 바꿔 놓으려고
하나? 아니면 도둑년인 걸 몰라서 그런 이름을 골라 줬나?
하느님도 웃으시겠다, 그렇지?

　걔는 여기에 간식 주는 사람 올 때만 붙어 있고 간식
받고 나면 돈 벌러 출근해. 교회에 짤짤이○ 벌러 가는
거지. 그리고 밤 12시 되면 막차 타고 역으로 돌아와.
그러곤 역사를 한 바퀴 돌면서 훔칠 거 없나 쭉 둘러봐.

노숙인들 털어 봐야 기와집 백 채 살 수 있는 것도 아닌데 찌질하게 말이야. 역 계단에는 씨씨티비가 없어서 다 가져간대. 그게 소문이 도는데 저만 몰라. 오죽하면 여기 노숙인들이 걔보고 여기서 나가라고 하겠어. 손님이랑 싸우지, 역무원이랑 싸우지, 나랑도 싸우지. 근데 안 나가고 계속 버티고 있어.

또 역에 모자 쓴 여자가 있어. 걔는 사람들한테 들러붙어서 내 욕을 해. 창녀촌에서 뚜쟁이질을 했다, 뭘 훔쳐서 교도소에 갔다 온 전과자다, 뭐 그런 말을 크게 한다고. 다른 사람하고는 한 번 싸우고 마는데 나는 꼭 물고 늘어져. 그래서 그냥 두면 안되겠다 싶더라고. 이 여자가 옳지 않다는 걸 세상에 들통나게 해야 해. 가만히 있으면 걔가 말하는 거 그대로 인정하는 꼴이잖아. 그러려면 사람이 하나라도 많을 때 싸워야 해. 조용히 하면 소용없어. "네가 전과자고 도둑년은 너야" 하고 그 여자보다 더 크게 소리 내고 광고를 붙여야 해.

한번은 갖고 있던 사탕 초코파이 같은 걸 다 털어먹고 무료 도시락이라도 받아야겠다 싶어서 △△역에 갔어. 근데 △△역 2번 출구 쪽에서 "바로 저년이야!" 하는 소리가 들려. 보니까 모자 쓴 걔가 어떤 남자한테 "내가 전에 이야기한 게 바로 저년이다" 이러는 거야. 그러니까

그놈이 일어나서 나한테 와. 그 옆에서 걔가 "너를 죽여
버린다고 했어" 하고 으스대. 그 남자가 내 앞에 와서
서길래 왜 나를 죽이려고 하는지, 저 여자가 뭐라고 했는지
말하라고, 쟤 실태는 알고 말하라고 물었어. 걔랑은 만날
때마다 싸워. 언제는 종각역에서 싸우다가 "너는 뒈질
값어치도 없고 살아 있는 것 자체가 죄악이다" 했어.
사람들이 참으라고 했는데 나는 안 참아. 내가 왜 참아?

□□역 대합실에 오면 있잖아. 냄새가 확 밀려와. 머리가 띵
하고 아프고 숨을 못 쉬겠어. 노숙자들 몸에서 나는 냄새야.
노숙자가 대합실 자리를 다 차지하고 앉아서 승객들은 앉을
자리가 없어. 그 와중에 노숙자들이 먹을 걸 막 먹고 앉았어.
그걸 보고 참 용하다, 이런 구역질 나는 냄새 맡으면서 먹을
게 입에 들어갈까 싶어. 근데 그 냄새가 내 몸에서도 나고
있지. 한번은 도저히 못 참아서 환기 좀 하라는 쪽지를 써서
역무원한테 줬어. 제발 역 문 좀 열고 살라고.
　　내가 잠자는 의자 있잖아. 머리 짧은 애랑 같이 쓰는데
자리 때문에 매일 싸워. 의자 가운데에 내 짐으로 경계를
뒀는데 거기다 신발을 턱 올리는 거야. 그래서 짐 대신
상자를 뒀다고. 근데 지가 썼다고 치우는 게 아니라 다
내가 치워. 그리고 자기 자리에 작은 종이컵 하나도 못
놓게 해. 발로 걷어차. 깔고 자는 돗자리도 발로 확
걷어차는 거야. 기본이 안 돼 있는 인간이야. 똥자루하고

똑같아.

　나는 사람을 대접할 때 점수를 매겨. 말가짐, 몸가짐, 걸음걸이, 음식 먹는 거, 수저 쥐는 거, 물 마시는 것까지. 인간의 마음 씀씀이 이런 게 다 점수에 들어가는 거야. 사람을 보면 딱 점수가 나와. 근데 똥자루나 머리 짧은 년이나 인성이 날마다 틀려먹었어. 여기 있는 사람들은 다 그래. 난 여기서 잘 지내는 사람 없어. 하나부터 열까지 영 아니야. 기본도 안 되는 것, 쓰레기도 안 되는 것들이랑 섞여서 같은 것을 먹고 산다는 게……

사람들이 나보고 자꾸 어디 들어가라고 하더라고. 여기 다시서기에서 사람이 와서 그래. 여자는 집을 더 빨리 준다고 하더라고.° 근데 나는 노숙자랑 지내기 싫어. 저런 인간들이랑 얼굴 마주 봐야 하는 게 싫은 거지. 어떤 여자가 지원받아서 단독주택에 들어갔는데 주인놈이 아주 나빴대.

　　° 서울시의 임시 주거 지원 사업을 말한다. 2023년 현재 거리 홈리스와 노숙 위기 계층을 대상으로 월 33만 원을 연중 최대 6개월까지 주거비로 지원하는데, 여성의 경우 추가 지원을 받을 수 있으며, 성폭력 위험에 노출돼 있고 정신 질환 비율이 높은 여성 홈리스를 우선 선정하도록 하고 있다. 하지만 이 같은 주거비로 가능한 비적정 주거지는 여성이나 장애인 등에게는 안전 등의 이유로 부적절한 경우가 많다. 주거 지원 사업에서 활용되는 거처의 경우 민간 시장에 의존하기보다는 공공이 직접 공급할 필요가 있다.

방이 비어 있으면 남자가 들어와서 물건을 훔쳐 간다네?
그리고 지원받으면 고시원이나 쪽방 같은 데 갈 거 아냐.
그럼 노숙자들이 모여 있는 건데 난 차라리 여기가 더 편한
거지. 문을 잠가도 문을 따고 들어온다는 거야. 차라리 여기
있으면 봐도 그만, 못 봐도 그만이거든. 너는 너고 나는 나야.

사람들이 노숙자 일에는 아무 말 안 하고……

내가 말을 안 해서 그렇지 여기 살면서 맞은 적이 많아.
한번은 머리털 눈썹 턱수염까지 다 눈처럼 하얀 노숙자
거지놈이 날 때렸어. 아침 6시 좀 넘어서 역 안에 짐을 두고
밖으로 나오고 있었어. 근데 다짜고짜 내가 자기 가방을
가져갔다고 막 고함을 지르는 거야. 그렇게 싸움이 붙었는데
그놈이 내 뒤쪽에서 어깨를 붙잡고 확 떠밀어서 길바닥에
무릎이 다 갈렸어. 피가 많이 나고 너무너무 아픈 거야. 막 몸
여기저기 때리고. 바닥에서 일어나지도 못하고 있었어.
　나는 맞고 있는데 앞에 있는 의자에 새까맣게 젊은
놈이 앉아서 무협지를 보면서 구경만 했어. 경찰 불러
달라고 소리소리를 지르는데 아무 말도 안 하더라고. 역
바깥쪽에서 벌어지는 일이니까 역무원이나 철도경찰도 안
와. 아, 여직원 둘이서 역 문을 열러 나와서 나를 가만히
구경하고 있었어.
　몇 달 전에 2번 출구 쪽에서 젊은 사람이 나이 많은

사람을 두들겨 패서 죽어 버렸대. 노숙자들끼리 싸움이
났는데 노인네가 힘이 없으니까 맞아서 죽은 거야. 근데
이게 신문에도 안 나와. 그런 식이야. 사람들이 노숙자
일에는 아무 말 안 하고 구경하면서 가만히 서있어. 왜들
그러는지 몰라. 나를 폭행한 남자가 다른 여자를 또
폭행했다는 이야기를 들었어. 이번엔 역 안 승강기 쪽에서
맞았다는데 철도경찰이 그것도 무시했다는 거야. 길에서
먹고 자는 사람이니까 무시하는 거지. 그 여자는
철도경찰이 계속 그런 식이면 검찰에 가겠다는데 어떻게
될지 모르지.

2022년 1월부터 나는 한 달 가까이 경숙을 볼 수 없었다. 같은 역에 머무는 이들에게 안부를 수소문하니 "짐 많은 할머니가 길에서 쓰러져 하얀 옷(방역복)을 입은 사람들에게 실려 갔다"고 말해 주었다. 당시는 코로나 바이러스의 오미크론 변이가 빠르게 확산되면서 집단 감염이 우려되는 상황이었다. 경숙은 역사에서 먹고 자며 일회용 마스크를 빨아 쓰곤 했다. 코로나 백신은, 쉴 공간이 없는 상황에서 부작용이 걱정돼 맞지 않았다고 했다. 나는 경숙이 코로나에 걸려 위험한 상황은 아닌지 걱정이었지만 기다리는 것 말고는 다른 수가 없었다. 2월이 돼서야 나는 다시 역에서 경숙을 볼 수 있었다.

코로나에 걸려서 병원에 있었어. 힘이 없길래 감기 몸살인 줄 알았는데 코로나더라고. 그때 날씨가 추웠어. 늦은 밤에 자려고 꽃밭에 갔는데° 거기가 다 뚫려 있는 데잖아. 너무 추워서 앉지도 눕지도 못하고, 사방이 막힌 계단 같은 곳이 있을까 찾아 나섰어. 건널목 앞에 서있는데 뭔가 픽 하더라고. 정신이 아득하고 없어졌는데 내가 앞으로 넘어진 거야. 사람들이 119 불러서 병원에 실려 갔어.

° □□역은 새벽에는 전체 통로를 폐쇄한다. 이때가 되면 경숙은 역 입구 쪽 화단 옆 벤치로 자리를 옮겨 눈을 붙였다가 역이 개방되는 4시 반에 다시 역 안으로 들어가 자리를 잡곤 했다.

이튿날 눈떠 보니까 병원이더라고. 병원에서 코
검사를 했는데 코로나였던 거지. 바이러스가 허파에 왔대.
지금도 빨리 걷거나 말을 하면 허파가 아파. 담배 냄새,
태우는 냄새, 차 냄새, 좋지 않은 냄새를 맡으면 아파.
넘어질 때 무르팍을 세게 부딪쳐서 다 깨졌는데 치료를
해놨더라고. 이게 지금도 아파. 걸을 때 무릎이 구부러져야
빨리 가는데 그걸 못 하는 거야. 어떨 때는 뻗정다리로
걸어.

병원에는 20일 정도 있었어. 병실은 독방에 있을 때도
있었고 네다섯이랑도 같이 있었고. 근데 내가 일반인이
아니고 집 나온 나그네잖아. 그지 같은 게 들어가니까
지네들끼리 뭉쳐. 그리고 내가 화장실을 가면 잠자던
놈들이 빨리 나오라고 문을 두드리는 거야. 사람이 배탈이
나서 끙끙거리며 앉아 있는데 사무실에 내가 (화장실에서)
안 나온다고 전화를 해대고. 나는 그 병원에서 왜 그렇게
설사가 나오는지⋯⋯. 지금 일 보고 있다고 해도 있는
인간들이 자다 일어나서 한번에 와. 그 사람들은 자긴
일반인이고 나는 노숙자다 이거야. 그러니까 차별을 하는
거지.

그리고 내가 쓰러질 때 주머니에 갖고 있던 돈이 싹
없어졌어. 간호사한테 내 돈 어딨냐 물어봤는데 나한테
줬다는 거야. 병원에만 있는 사람이 돈을 어디다 감추겠어.
실려 왔을 때 병원에서 날 홀딱 벗기고 병원 옷으로
갈아입혔거든? 아마 그때 간호사가 가져갔을 거야.

간호사가 돈 봉투를 탁탁 치는 걸 눈떠서 봤는데 나한테 줄 거라 생각했지. 그렇게 홀랑 가져갈 줄 몰랐지. 결국 돈 뜯기고 그냥 나왔어. 나는 그 돈 안 주면 퇴원 안 한다고 했거든. 근데 티비 보면 그런 거 있지? 정신병원에 안 간다는데 강제로 차에 실어서 탁 떠나는 장면. 그거야. 내가 안 간다고 하니까 남자 간호사들이 내 여길(양쪽 겨드랑이를 가리키며) 붙잡고 번쩍 들어서 차 의자에 앉혔어. 그렇게 퇴원을 한 거지. 아무튼 병원이라고 믿을 게 아니더라고.

그런 일 말고는 몸은 편했어. 세끼가 도시락으로 나와. 국도 통에 나오고. 밥 먹고 나면 자는 거야. 창밖으로 내다보는 것밖에 하는 일이 없어. 하늘 보고 달 보고 구름 보고 그런 것밖엔.

다시 □□역에 돌아왔는데 병원 가기 직전에 짐이란 짐은 싹 쓸어 가서 아무것도 없어. 사람도 자리도 낯설어. 완전 처음인 장소고 사람들 같아. 눈에서 멀어지니까 마음도 멀어지더라고. 다시 오고 싶거나 하진 않았는데 갈 데가 없으니까. 이런 생활도 여기가 처음이고. 다른 데 간다는 것도 없고 그냥 내가 사는 곳을 어떻게 좋은 환경으로, 정상적으로 좋은 생활을 할 수 있게, 내가 하고 싶은 걸 하는…… 그렇게 살고 싶은 맘은 있지.

요즘엔 자꾸 의욕이 없어지고 먹는 것도 날마다 그래. 급식 주는 데서 밥하고 국은 기본으로 주잖아. 근데 밥하고 국은 살아 움직이는 체력을 주는 것뿐이지 먹고 싶은 건 아니잖아. 그래서 안 먹고 다른 데 안 다니다 보니 쓰레기

치우는 아줌마가 나보고 비쩍 말랐다고, 그러다
쓰러진다고 하더라고. 내가 그 말을 안 들은 거야. 굶기를
밥 먹듯 하고 앉아 있었어. 팔뚝에 살집은 하나도 없고
껍질만 가득해. 내가 이렇게 말랐나 했는데 이번 겨울에만
체력을 못 이겨서 두어 번 쓰러졌어. 병원 퇴원할 때
의사가 백신 꼭 맞으라고 했는데 무서워서 안 맞았어. 살고
싶으니까.

경숙이 머물고 있는 □□역은 도심 한복판에 위치해 있고 기차역과 전철역을 겸하고 있을 뿐만 아니라 복합쇼핑몰이 있어 하루에도 수많은 사람이 오가는 곳이다. 이곳에서 거리 홈리스를 만나는 활동을 하는 나는 대합실에 들어서면 우선 의자에 앉아 있는 사람이 승객인지 홈리스인지 유추해야 한다. 보통 배낭이나 박스 같은 짐들과 길게 자란 머리와 수염 등의 행색을 통해 판단한다. 긴가민가하면 알고 지내는 홈리스에게 물어보고, 그래도 애매하면 다음 주에도 같은 자리에 있는지 확인한 다음 조심스레 인사를 건넨다.

경숙은 처음 만났을 때 단번에 홈리스임을 알았다. 곁에는 비닐봉지가 여럿 담긴 손수레가 있었고 의자 밑엔 박스가 있었다. 이는 많은 여성 홈리스의 공통된 특징이기도 하다. 경숙에 따르면, "언제 먹고 입을 수 있을지 모르니 버리지 못하기" 때문이다.

이런 경숙은 같은 역에서 지내는 홈리스들에게도 못마땅한 존재였다. 한 홈리스는 경숙에 대해 이렇게 말했다.

저건 짐 아니야. 다 쓰레기야. 사람들이 일회용 커피 마신 거 주워서 박스에 넣어 두고, 그 박스를 의자에 두니까 사람들이 자리에 못 앉는 거지. 쓰레기 같은 짐 때문에 직원들이 짐을 가져가. 다른 사람들 짐은 안 가져가. 저 할머니 것만 가져가. 저 할머니 쓰레기만 가져가. …… 역무원들이랑 싸우고 그래. 쓰레기를 모으니까 딱지 붙이고 싹 버렸어. 여름에는 음식물 냄새가 엄청나. 근데 또 모으니까 역무원들이 몇 번 112에 신고해서 경찰서 가고 그랬잖아. …… 저 할머니랑 친한 사람 없어. 다른 사람들이 싫어해. 다른 여자들이 싫어해. 맨날 싸워. 말을 걸면 팍팍 쏘아 대.

사람들이 쓰레기 취급하는 짐가방에는 경숙이 폐지를 팔아 모은 돈으로 산 먹을 것, 입을 것, 덮을 것이 들어 있었다. 경숙에게 짐은 쓰레기가 아닌 삶의 일부로 포기할 수 없는 것이었다.

　일 년간 이어 오던 인터뷰가 끝날 무렵이었다. 경숙은 자신이 깜박 잠든 사이 짐이 없어졌다고 했다. 활동가들이 함께 역무실을 찾아가 그간 뺏긴 짐을 전부 되찾았다. 경숙이 처음으로 자기 짐을 돌려받은 순간이었다. 문제는 그 짐을 보관할 만한 장소가 없다는 거였다. 오랜 설득 끝에 우리는 집을 구하기로 했다. 임시 주거 지원 사업을 이용해 주거지를 마련하고, 전입신고가 되고 나면 수급 신청도 해보자고 했다.

　근방을 다 뒤져 봤지만 보증금 없이 월 30여만 원의 주거비 지원으로 갈 수 있는 곳은 쪽방이나 고시원, 여인숙밖에 없었다. 쉽게 열리는 나무문, 벽간으로 넘어오는 소음 때문에 경숙은 "여기보다 □□역이 더 낫다"고 했다. 임시 주거 지원은 당장의 노숙 상태에서 벗어날 수 있는 일시적 발판이 될 수도 있지만 경숙에겐 그조차 되지 못했다.

코로나를 앓고 난 뒤 경숙은 눈에 띄게 약해졌다. 몸은 갈수록 말라 가고 목소리는 작아졌다. 그녀는 "역 안에 있으면 누가 계속 나를 지켜보는 것 같다"며 늘 마음이 불안하다고 했다. 자신을 쫓아내려는 사람들이 24시간 감시하는 공간에서 먹고 자는 긴장감이 끊임없이 이어지고 있었다.

첫 인터뷰를 하던 날 경숙은 "가지고 있는 옷 중에 가장 예쁜 옷을 입고 왔다"고 했다. 꽃무늬가 알록달록한 셔츠였다. 두 번째 인터뷰 때는 "인상이 좋지 않아 안 좋은 일이 생기는 것 같다"며 눈썹을 산 모양으로 짙게 그리고 왔다. 함께 간 카페에서 "과일이 갈리지 않고 적당히 씹히는 음료"를 마시겠다고 했다. 역사 내 꽃밭에 물을 주며 풀이 자라는 것을 지켜보는 것과 "라커 김경호"의 음악을 좋아한다. 최근 휴대폰으로 티브이를 보고 싶다고 해서 안 쓰는 휴대폰을 드렸는데 이후로 만날 때마다 한 주간 본 영상(주로 애니메이션)에 대해 이야기한다.

"맨날 싸우는" "고집 센 할머니"가 아닌, 내가 알고 있는 경숙의 모습이다. 이토록 입체적인 강경숙을, 자신에게 높임말을 쓰는 강경숙을, 소중한 살림살이를 쓰레기 취급하는 이들에게 "너희 집문서부터 쓰레기통에 던지라" 외치는 대단한 기세의 강경숙을 함께 기억하면 좋겠다.

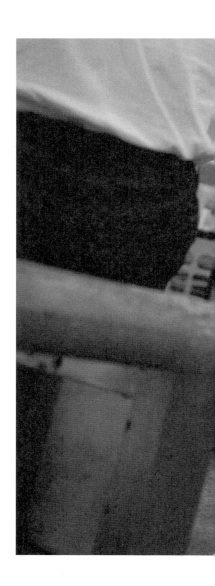

지극히 작은 자에게
한 것이......

광장의 서가숙

박소영·오규상

이 글의 주인공 서가숙은
1956년, 부산에서 다섯 남매 중 넷째로 태어났다. 초등학교는
평택에서 다녔고, 서울 서대문에서 고등학교를 마칠 즈음 집이
철거를 당했다. 1990년, 일본인과 결혼하며 오사카로 이주했다.
남편과의 갈등 때문에 모자원과 시부모의 집을 오가며 지냈다.
1999년, 딸과 함께 한국으로 돌아와 복지관들을 전전하다가
이듬해 딸과 떨어져 봉천동 재개발구역의 빈집에 살다 두 번째
철거를 겪었다. 이때부터 서울역 광장과 영등포역 등지에서
홈리스로 지냈다. 우연히 보게 된 홈리스추모제를 계기로 홈리스
당사자이자 활동가로 살고 있다.
다음은 2021년 6월부터 2023년 5월까지 서가숙이 들려준
이야기다.

2022년 4월 어느 늦은 저녁 시간. 서울역 13번 출구 계단 밑에 두꺼운 패딩 점퍼를 입은 남성이 쓰레기통 앞을 서성인다. 챙이 깊은 모자를 쓰고 불룩한 쇼핑백을 든 서가숙이 멀찍이서 그를 바라보며 말했다.

저 아저씨가 낮에는 광장에 있어요. 근데 배고팠나 봐. 남 먹는 거 쳐다보더라고요.

　　"안녕하세요! 두유 받으셨어요? 어디 계세요? …… 아, 서울역 광장. 광장 어디 계세요? …… 시계탑 있는 데. 나이가 어떻게 돼요?"

　　저이는 밥을 종로3가에 탑골공원 무료 급식소에서 자주 먹는대. 저녁에는 테레비 보는 (서울역) 2층 역사에 앉아 계셔요. 늘 거기 계셔요. 오늘은 우리가 오니까 뭐 받으려고 이렇게 내려오신 거예요.

　　서가숙은 매주 금요일 저녁, 홈리스행동의 인권지킴이 활동에 참여하고 있다. 언제 활동을 시작했는지 묻자 가숙은 하다 말다 해서 쑥스럽다며 웃었다.

내가 환갑이 안 됐을 때지, 아마. 서울역에 있었는데,
사람들이 뭘 나눠 주고 상담도 하는 거야. 그게 홈리스행동
활동가들이었어요. 매번 와서 하는 걸 보니까 참 좋은
일이라는 생각이 들었어요. 그래서
실천단(노숙인인권공동실천단)ᵒ과 인권지킴이 할 때 나도
같이 가겠다고 했어요. 이게 뭐냐면, 짝을 지어서
사람들한테 가서 '커피 드실 거냐?' 물어서 드리기도 하고,
'식사는 하셨냐, 아픈 데는 없냐?' 그런 거 물어보고, '필요한
건 없냐?' 그래서 할 수 있으면 구해 드리고, 없으면 뭐
나중에 드린다고 하고 적어요. 하여튼 그렇게 계속 보면서
말 거는 거지.

　　동짓날이 되면 홈리스추모제를 해요. 내가 그걸 처음
보고 굉장히 감동했어요. 너무 맘이 뭉클했는데 푸름이가
— 푸름이라고 알아요? 2000년 넘어서 중대 복지관에서
처음 본 앤데, 서울역 광장에서 다시 만났어요 — "가면
있잖아. 언니, 돈도 꿔 줘" 그러더라고. 내가 돈을 어디서
빌려요. 근데 여기서는 돈을 꿔달라고 할 수 있겠다고
생각했었죠. 누가 아랫마을에 왜 왔냐고 그러면 "동짓날
무연고자 장례식이랑 여러 가지 하는 걸 보고 너무 좋아서

○　2002년 월드컵 개최 당시 서울시 노숙인 강제 입소 방침에
대응하는 과정에서 결성되었다. 매주 목요일 거리 홈리스를 만나
인권침해 상황을 파악하거나 복지 정보를 전달하고 각종 복지
혜택을 받을 수 있도록 돕는 일을 한다.

왔다"라고만 했지. 근데 그것도 좋았지만은 돈을 꿔준다는 말을 들어서도 온 거야, 하하하. 근데 그 말은 누구한테 못 하겠더라고.

'나도 이렇게 허구 다니니까
누가 말 걸기 참 수월한 사람이구나……'

거리에 있는 사람하고 나하고 똑같이 생겼어요. 나도 서울역에 있다가 뭐 주면 이렇게 먹고 그러지. 그분들도 '저 사람은 여기서 나랑 같이 자는 사람이다' 하고 얼굴을 알아보면 경계심 이런 게 적은 거 같아요. 안다고 해서 좋기도 하지만 어떨 땐 좀…… 누워 자는 모습 보이면 창피할 때 있지. 보따리 보이는 것도 좀 창피하고. 내 생각에는 그 사람들도 속으로 '너나 잘 살아라' 그렇게 생각하지 않나 하는 그런 생각도 들지만…… 내가 길에서 계속 잠도 들고 왔다 갔다 하니까…… (나한테) 이리 와서 자라 많이 얘기해 주죠.

　　실제로 여기서 사람들이 양쪽에 많이 늘어져서 자고 그래요. 실천단이 금요일마다 여기 오면 사람들한테 우유도 주고 담요도 줘요. 여기서 1954년생 말띠 한 분을 만났어요. 바짝 말랐는데, 눈도 드럽고 맨날 드러누워 있더라고. 자기가 꽃동네 있다 왔는데, 통장이니

신분증이니 다 두고 나왔대. 그리고 일 년인가 지나니
재난지원금도 못 탄 거죠. 주소도 없고 아무것도 없잖아.
신분을 증명할 게 없지. 그래서 나도 서투르지만 같이
다시서기° 가서 상담했더니 되더라고. 꽃동네에서 그이를
찾는 전화가 왔대요. 신분증도 만들고 통장도 찾고
하니까 자기가 휴대전화도 금방 만들더라고.

　근데 내가 번호를 안 알아 놨어. 또 만날 거라 생각하고
안 알아 놨더니, 어느 날 그분이 안 계시더라고. 마지막 본
게…… 재난지원금 탄 게 (2021년) 5월 정도잖아요? 그거
받고 아주 좋아하셨는데, 그러고 나서 한 두세 번 봤나?
그렇게 보고 나서는 그이가 안 계셔. 못 본 지 한참 됐죠. 옆
사람한테 물어봤더니 모른다고 그러더라고.

　노숙 생활하는 건요, 사생활도 물어보면 안 되고, 어디
갔냐, 어떻게 됐냐 해도 서로 다 몰라요. 또 사람들도 많이
바뀌어요. 전에 있던 사람들이 없어지고 새로운 사람이
오기도 하고. 그래서 바쁘죠.

　　°　서울특별시 다시서기종합지원센터를 말한다. 노숙인의 주거
지원, 주민등록 복원, 기초생활보장제도 연계, 의료·자활 관련 정보
제공 등을 담당하며 야간 잠자리(월 최대 20일), 무료 급식 등을
지원한다.

'덥다. 내가 숨을 쉬고 있는 건가? 꼭 달나라 같다'

며칠 전에는 아는 사람 집에 가서 자는데, 말할 수 없이 더워.
머리가 이상해지는 것 같더라고. 꼭 메주가 된 것 같았어요.
그래서들 여름이면 밖에서 자는 거예요. 서울역 다시서기
거기 응급구호방이라고 있어요. 거기가 자는 곳인데, 여자는
열에 하나? 엄청나게 적어요. 공간이 길게 있으면 여자 방은
복도 끝에 있어요. 홀에 빽빽하게 남자만 있는 거야. 한번은
자고 있는데 남자가 들어온 적도 있어. 그러면 나는 이렇게
쓱 나오곤 했지.

　남자들이 여자 구경을 못 하는데, 서울역에 오면
있으니까 구경하러 온대요. 아니 진짜 다시서기 가면 키 큰
사람들이 맨날 목 빼고 이렇게 쳐다봐. 여자들 어디 하나
잡을까 하고. 그러면 나는 애들한테 말하지, 조심하라고.
그래도 홀랑 넘어가는 사람들이 있어. 아우 다 틀렸어.
똑똑한 사람들도 다 넘어가더라니까.

　그렇게 넘어가서도 잘 살면 되는데, 대부분 나쁘게
해서 헤어져. 어떤 사람은 같이 살던 남자가 방을 자물쇠로
잠그고 못 들어가게 했대. 어머, 그래 갖고 자기 물건이
안에 다 있는데 들어가지도 못했대. 돈도 여기저기서 꾸게
해서 주변 관계를 어렵게 만드는 일도 있어. 여자애
이름으로 휴대전화도 만들고. 그러다가 남자가 떠나면
여자도 자취를 감추지. 내가 옆에서 안 좋은 사람 같다고,

사기 친다고 조심하라고 주의를 줬는데도 넘어갔어.
그러다 보면 어느새 안 보이더라고.

잠을 같이 자고 얼마를 주고받는 게 있어요. 남자들이 그런
얘기 하죠, 뭐 3만 원이다, 2만 원이다. 지금은 없어졌는데
옛날에 구름다리 같은 게 있었어요. 뭐 거기서 흥정했다나?
고기를 사줬다, 밥을 사줬다, 뭘 사주고 어떻게 했다는
둥…… 그런 얘길 하더라고. 그리고 또 눈에 보이게 누가
누가 같이 이렇게 다니잖아요. 밤에 어디 방에 가서 자기도
하고, 만났다가 헤어지기도 하고, 또 다른 사람하고도
그렇게 하고…… 그런 걸 자주 봐요.
　　내 생각에는, 여자들이 누가 도와주는 사람은 없지,
돈은 필요하지, 그러니까 많이 하는 거 같아. 누구는 짐도
많은데 길에서 혼자 있는 걸 보고 어떤 남자가 고생하니까
자기 옥탑에서 자라고, 자기는 찜질방 가서 잘 테니까 거기
가서 자라고 그랬대. 짐 막 끌고 다니지 말고 자기네 집에
뒀다가 필요하면 꺼내 써라, 그런 얘기를 많이 하지. 그래서
들어가서 잤는데 한 두어 시쯤 그 남자가 왔대요. 그걸
보고 뭔 생각이냐 하면서 딱 야단쳐서 쫓아 버렸다
하더라고.
　　가끔은 어디 섬에 가면 괜찮은 사람 있는데, 거기 가서
결혼하라고, 그런 얘기를 해요. 거기 가면 집 걱정은 안
하고 살 수 있다, 그러더라고. 하여튼 별일이 다 있어요.

그럴 때는 뭐 대답도 안 하고 가만히 있죠.

예전에 살던 집주인 언니가 작년에 연락을 줬어요. "옆방에 살던 상백이가 죽게 생겼는데, 자꾸 널 찾는다. 돈이라도 주려는지 모르겠지만 한번 가봐" 그러더라고요. 그냥 옆집에 살던 애야, 동갑이던가? 전화했더니 "양지병원으로 와라" "보라매병원으로 와라" 했는데, 코로나 때문에 못 봤어요. 그러다가 9월 23일에 통화를 했죠, 요양병원에 들어와 있다고. 그리고 그날 저녁에 죽었어요. 얼굴이나 보려고 했더니 죽었어. 딱하지. 그 애를 보러 보라매병원 영안실에 갔는데 거기서 상백이 형님을 만났어요.

　이름이 상영이에요. 노인네지, 머리는 염색해서 까맣지만. 키가 커다랗고 말랐어요. 장례식장에서 밥을 먹는데, 집주인 언니가 상백이 형님이 날 찾는다면서 "불쌍하니까 네가 좀 들락날락하면서 봐줘" 해요. 언제 사람이 죽을지 모르니까 집주인이 가끔 들여다보고 하거든. 나보고 하라는 거지. 아닌 게 아니라 몸이 약하셔. 가까운 거리도 한 번씩 앉아서 쉬어야 가. 불쌍하더라고. 그래서 일주일에 한 번? 보름에 한 번? 그렇게 가고 있어요. 신림동 2층짜리 다세대 건물에 기다랗고 좁은 골목을 따라 촘촘히 집들이 붙어 있어요. 그중에 한 칸이에요. 집에 들어가면 마루에 붙은 부엌이 있고, 방이 하나 있고, 조그만 화장실 있고.

　가서 내가 배가 고프면 밥을 먹죠. 차려드릴 때도 있고. 예전에 인테리어 업체 사장이었는데, 술을 많이 먹다가 오 년 전에 간경변으로 쓰러지셨대요. 지금도 밥은 안 잡수셔도 막걸리는 어김없이 마셔요. 그 집주인 언니는 세입자한테 돈 받으러 갈 때 집마다 필요한 걸 사가요. 화장품도 사고 샴푸도 사고. 이 집에는 막걸리 두 통을 사가는 거야. 그러다 사회복지사한테 걸려서 아주 혼났대. 그다음부터는 언니가 그이한테는 5만 원을 줘요. 막걸리 먹을 거면 그거 사러 가면서라도 좀 걸으라고. 이제 그이가 유일하게 집을 나가는 게 막걸리 사러 가는 거예요.

　　그이가 나를 처음 볼 때 그러더라고, 동생이 연결해 준 것 같다고. 엄청나게 좋아하면서. 내가 그 집에 간다고 했는데, 자지는 않아요. 그분이 여자면 좀 자겠는데 그게 아니잖아요. 나야 아무 데나 잘 돌아다니는 사람이니까 잘 수는 있지만, 거기서 자는 걸 사람들이 보면 별로 안 좋잖아요. 처음에는 거실에서 자보려 했더니, 그분이 방에 침대가 있는데, 자기는 침대 아래서 잔다고 나보고 들어와서 침대에서 자라고 그러더라고. 암만 내가 늙었어도 그건 좀 그렇지. 그리고 그분이 몸이 불편해서 기저귀를 쓰는데, 내가 가면 지팡이를 짚고 일어나서 화장실을 가요. 그이도 총각인지라 기저귀 쓰는 거 보이기 그런 거지. 아휴 오래 있으면 안되겠구나 싶더라고.

　　얼마 전에 걸음도 못 걷는 사람이 고추 다섯 개를 심겠다고 나한테 화분을 갖다 달라고 했어요. 그러다가 어젯밤 11시쯤 길을 가는데, 누가 항아리를 버린 거예요.
무거운 갈색 독항아리. 그거를 구루마에 얹어서
끈으로 짜매 가지고 겨우겨우 밤 11시 반에 가지고
갔어요. 봉천동에서 한 정거장 정도 걸어간 거지. 전화해서
문 앞에다 놨다고 그랬더니 옷을 또 다 챙겨 입고 항아리를
보러 나왔어요. 밤이 늦었잖아요. 나더러 방으로 들어오래.
나는 안 들어간다고 딱 서 있었어. 그랬더니 돈을 꺼내서
3만 원을 주더라고. 난 돈 필요 없다 그랬더니 용돈 하라
그러더라고요. 항아리가 깨졌는데, 내가 언제 한 번 가서
닦아 줘야죠. 그이는 뭘 잘 못하니까.

서가숙의 양손에는 쇼핑백과 가방, 비닐봉지 두어 개가
들려 있다. 네모난 종이 쇼핑백, 주름진 까만 비닐봉지,
상표가 크게 적힌 장바구니 등 짐과 가방의 종류는
그때그때 달라지지만, 무릎 아래는 늘 한가득 짐이다. 어느
날 조심스레 옆에 놓인 가방 안을 보여 줄 수 있는지
물어보았다.

가방? 오늘은 짐이 많이 있지도 않고 그러니까, 그냥 뭐…….
먹을 것 같은 것도 좀 있죠. 컵라면이나 숟가락 젓가락도
있고…… 치약 칫솔 빗도 갖고 다니고, 다 갖고 다니죠.
휴지나 비누도 많아요. 약도 있고. 춥다고 해서 옷도 갖고
다니고. 신문도 잘 안 보는데 또 봐야겠다 싶어서 날짜 지난

신문지도 갖고 다니죠. 뭐라도 좀 써야겠다 싶어서 볼펜에
메모지나 노트도 넣어서 다니고……. 또 돋보기도 갖고
다니고 어떤 때는 안 갖고 다니고 그러지. 이런 머플러 같은
거 잘하고 다니니까 한 개 더 넣기도 하고. 누가 주면 또
그것도 챙겨서 갖고 다니기도 하고, 어떻게 하면 필요할지
모르겠다 싶어서 또 하나 더 갖고 다니기도 하고…….

돌아다니며 살다 보면요, 짐이 많아져요. 쓸데없는
것도 그냥 갖고 다니죠. 버릇인지도 몰라요. 또 어디 가면
음식 같은 거 잘 싸오니까 비닐봉지가 많이 필요하죠. 대개
노숙인들은요, 남자도 여자도 비니루 보면 다 주워 담아요.
비니루가 없으면 담을 데가 없잖아요. 샐 수도 있고 하니까.
비닐봉지 보면 열심히 줍죠. 그런 것도 있고…….

홈리스 생활하면, 뭘 준다고 몇 시에 오라 하는 게
있어요. 옷을 준다, 잠바를 준다, 그러면 일찌감치 가서
추울 때 자리 맡는 거예요. 서울역 롯데리아에 가면 역
광장에 주차장이 있거든요? 거기서 엎드려 있다가
새벽같이 첫차 타고 얼른 영등포 가서 줄 서서 잠바를
타오는 거지. 너무 힘들어요. 추운데 떨고 줄 오래 서야
하고. 한 시간도 더 기다릴 걸? 순서도 있어. 가면 이제
어디서 후원이 들어왔는지 그런 것들을 들은 다음에
도시락도 먹고 그래요. 거기서 받은 걸 팔기도 하는데
잠바면 5000원에도 팔고 양말은 1000원에 팔고 그래요.

다 그렇게 모은 거지. 이렇게 갖고 다니는 거 말고도
여기저기 많이 있지. 우리 오빠네 집에도 짐을 놨는데,

가져다만 놓고 가보질 않네. 그런 것들은 결국 짐이 되고 쓰지 않게 되니 애지중지 걱정할 거 없다 싶어. 그거 없어도 또 어떻게 다른 게 메워 주고 사니까. 그러니까 여기저기 가는 데마다 놓고 다니는 거야. 짐이 많아도 오랫동안 가진 건 없어요. 특히 사진 같은 건 없죠. 사진은…… 네, 전혀 없죠.

짐 보관할 때는 롯데마트를 많이 이용해요. 거기 보관함에 넣었다가 밤에 11시에 짐을 꺼내거든. 이게 처음 세 시간은 무료고 세 시간 지나면 1000원을 내요. 돈 내는 거 아까우니까 세 시간이 다 되기 10분 전에 가서 다시 시간을 연장해.

짐은요…… 아주 징글징글해, 하하하. 내가 전에도 얘기했는데, 죽을래도 이거 때문에 죽을 수도 없다 그랬어요. 이쪽저쪽 다 뒀는데 그거 다 버리든지 주든지 해야지. 여성 홈리스가 짐이 많은 건, 내가 봤을 때는 병이죠. 쓰지도 않으면서.

남자들은 별로 많이 안 갖고 다니죠. 이게 노숙인이 아니어도 그래요. 일반적인 생리가 남자들은 살림살이에 관해서 관심도 없고 버리라 해요. 홈리스도요 남자들은 여름에는 반팔에 생수통 하나만 들고 다녀요.

난 그냥 내가 필요하다 싶어서 두는 거죠. 계속 한 군데 있으면 두고 나서 또 쓸 수 있는데, 한곳에 머물지 못하고 또 어디 갈 수도 있다 생각하니까 아쉬워서 담아서 갖고 다니게 돼요. 그거 때문에 어디 가서 구박받지. 짐 좀 줄이라고. 근데 다 필요한데 그걸 어떻게 줄여.

강남고속터미널역이나 서울역에서도 짐이 많으면 일단 노숙인이라고 그래요. 그러니까 어디든지 그게 타깃이 되고 그걸로 인해 나한테 불이익이 많이 와요.

근데 서울역에 다시서기에서 같이 자는 애가 있는데, 걔는 여자애가 아주 짐이라는 게 하나도 없어. 걔가 서울역에서 깔끔하게 가만히 앉았으면, 누가 저리 가라 소리도 하나 안 해. 그렇더라고. 그렇게 고수들은 여행 가는 사람처럼 트렁크하고 몇 개만 가지고 다녀요. 깔끔하게 다녀서 노숙인 같지 않아요.

근데 이 짐이 많으면 표식이 되는 거야. '저 사람은 짐이 많은 거 보니까 노숙인이다' 그러면서 "비켜 주세요" "이동해 주세요" "좀 옮겨 주세요" "나중에 나갔다 좀 이따 들어오세요" 하지. 짐을 가지고 지하철을 타다 보면 사람들이 쳐다봐요. 내가 이렇게 앉으면 옆에 있다가도 저리로 가고.

'나는 깍두기인가? 내가 깍두기인가!'

잃어버리기를 끔찍이도 잘 잃어버려요. 우리 언니가 붓글씨를 써요. 동양화를 해요. 한번은 나한테 "네 부채야" 하면서 주더라고. 그림을 그리고 이름도 '서가숙' 해서 줬어.

그래서 내가 아 좋다, 하면서 그걸 맨날 갖고 다녔어.

그러다 한번은 우리 딸이 일본 간다고 나더러 공항엘 오라는 거야. 근데 이렇게 짐이 많은 걸 보면 펄펄 뛸 거 아냐. 그래서 공항 갈 때 내가 걔 생각해서 짐 네 개를 다 묶어 놓고 갔어요. 배낭에다 끈 묶고 보자기 해서 묶고. 그리고 공항 갔다 왔더니 그 짐이 그대로 있더라고. 그때 챙겼으면 괜찮은 건데, 짐이 있으면 경비 아저씨한테 표적이 되니까 내 짐이 아닌 척하고 딴 데 가있었어요. 근데 그게 금방 없어졌더라고. 경비실에 얘기하고 씨씨티비 보니까 한 남자가 끈을 다 풀어서 짐을 전부 가져갔어요. 언니가 준 부채가 거기 있었는데. 한 대 얻어맞은 것처럼 가슴이 쿵. 그게 오래 가요. 누가 말해도 기쁜 얘기도 들리지 않아요.

한 번은 우리 딸이랑 동교동인가 어디서 만난 적이 있어요. 그때도 장사꾼들 끌고 다니는 그런 캐리어에 짐을 이 가방 저 가방 잔뜩 담아서 만났는데, 만나기로 한 곳에서 날 보더니 저쪽 계단으로 올라가 버리더라고. 그냥 가버려. '아, 엄마가 이렇게 다녀서 창피해서 그러는구나.' 가슴이 덜컹 내려앉더라고. 딸이 한번은 중학교 때 그러더라고. "엄마, 엄마는 꼭 거지 코스프레 하고 다니는 것 같아."

우리 딸이 예전에는 아무렇지도 않게 같이 잘 돌아다녔거든. 간간이 만나도 이상하게는 안 했어. 근데 동교동에서 만난 그날은, 내가 보따리를 주렁주렁 달고 다녀서 그랬는지 막 계단을 올라가더라고. 그래서 내가 전화했었나? 어쨌든 어떻게 해서 만났는데…… 그때 느꼈죠. 엄마가 이렇게 하니까 창피하게 생각하는구나…… 하고.

지금은 만나면 "엄마, 난 이렇게 갈 테니까 엄마는 이렇게 가" 이래요. 무슨 말인지 알죠? 갈 길이 다르기도 하지만…… 그렇겠죠, 아무래도. 어디 가려고 하면 "엄마 이거 입고 가. 이건 제발 여기 놓고. 여기다 놓고 가는 거야, 알았지? 이거 제발 들고 다니지 마." "엄마, 이런 거 안 들고 다니면 안 돼? 여기다 맡겨 놓고 밥 먹으러 가자."

우리 조카도 마찬가지야. "고모, 그거 입지 말고 이 모자도 쓰지 마. 이거 입고 이거 신고 가, 알았지?" "고모, 우리 이거 입고 영화 보러 가자" 그래요. 마음은 고모가 안됐다고 하는데도 조금 창피한 거지.

(사진을 보여 주며) 이거 나 같아요? 우리 동생이 보내 줬는데, 결혼했을 때 사진이에요. 옛날이지 옛날이야. 결혼식 하기 전에 웨딩 촬영이에요. 드레스를 가지고 가서 이렇게 사진을 찍고, 이 옷은 경복궁 가서 빌렸어요. 내가 말 안 하면 모르겠지? 똑같아? 막 여기저기 다니다 보니까 다 없어져서 사진이 아무것도 없어요. 나는 없는데 어제인가 동생이 보냈더라고. 집을 치우다가 나왔나 봐. 보니까 새삼스럽더라고. 나도 이랬던 적이 있었나? 그런 생각이

들더라고요. 봐봐요. 내 얼굴이라니까 알 것 같아요?

　제가 1990년에 결혼했어요. 우리 신랑은 일본분이었어요. 국제결혼이었죠. 제가 그때 서른네 살. 그 당시에는 사람들이 '늙은 아가씨'라고 그러든가? 나이가 많았죠. 오정동에 사는 친구가 있는데, 친구 엄마가 선 한번 보라고 그러더라고요. 그래서 우리 신랑하고 선을 본 거죠. 내가 어렸을 때도 국제결혼은 말이 많았어요. 근데 뭘 그런 걸 따져. 난 어릴 때도 그런 건 상관없다고 사람들한테 이야기했어요. 근데 사실은 그렇지는 않지. 살아 보니까 그렇지는 않더라고. 생각도 다르고 문화도 다르고 말도 잘 안 되고 그래.

　우리 신랑은 나보다 다섯 살 위였죠. 선을 보고는 우리 신랑이 결혼하자고 그랬지. 나는 어떻게 할지 모르겠고 겁이 좀 났는데, 우리 식구들한테 보여 주니 식구들이 다 좋다고 하더라고. 그래서 결혼했지. 신랑한테 물어보진 않았지만 아마 뭐 돈 주고 소개받은 거겠죠. 물론 나는 신랑한테 돈을 받거나 한 거는 없고 그냥 결혼하기 전에 반지 같은 거 받았죠. 약혼반지 같은 거 받고 용돈도 좀 받았지.

　한국에서 결혼하고 몇 달 있다 일본에 갔어요. 제가 일본에서 처음 간 데가 오사카였어요. 남편이 여러 가지 사업한다고 했다가 또 안되고 그래서 (시)엄마 집에 가서 살았죠. 일본서 살면서도 우여곡절이 많았지. 내가 일본말을 잘 못했죠. 그런 게 쌓였던 거지. 말이 안 통하니

서로 이해시킬 수도 없고, 그렇다고 누구 통역하는 사람
붙잡고 얘기할 수도 없잖아요. 돈을 달라고 그래도 잘
주지도 않고.

　힘들어도 어떻게든 살았는데…… 말로도 싸우고……
어떨 때는 우리 신랑이 때리고 나는 맞았지. 내가 일본말을
할 줄 모르니까 나는 당신 나쁘다고만 했지. 처음에는
맞다가 너무 분해서 그다음엔 그 키 큰 사람을 나도 때렸어.

　남들이 그러더라고. 국제결혼 해서 오래 살다 보면
여자가 신랑한테 막 욕을 한대요. 처음에는 남편한테 왜
욕을 하나 그랬더니 진짜 나도 살다 보니 욕을 하더라고.
아무도 못 알아들을 거로 생각하니까 하게 되더라고. 맨날
티격태격하고 살았는데 그래도 뭐 그렇게 나쁜 사람은
아니에요. 나쁜 사람은 아니었는데 하여튼 너무
힘들더라고. 그래서 내가 이혼하자고 했더니 우리 신랑이
이혼은 안 된다고 그러더라고. 그래서 내가 우리 딸하고
나온 거지, 신랑한테 말 안 하고.

　우리 딸이 아직 만 네 돌이 안 됐을 때인데, 뭐
얘기하려면 이루 말할 수 없이 길어요……. 나와서 고베에
있는, 우리말로 하면 모자원° 같은 데 있었거든요.

　　　　° 　보건복지가족부(현 여성가족부)에 소속되어 있는 사회 시설의
　　　하나. 배우자의 사망이나 행방불명, 생활 능력 상실 등으로 응급
　　　구호를 필요로 하는 여성들과 그 자녀들을 보호하고 직업을
　　　알선한다.

티격태격하면서 한참을 여러 가지 상담도 했는데, 그때
일본말 가르쳐 주던 선생님이 알려 줘서 모자원에 들어간
거죠.

　　그러다가 1995년에 고베 지진○이 났어요. 우리 딸이
고생을 많이 했지. 나는 뭐 내가 그렇게 하기로 한 거지만,
우리 딸은 맨날 그냥 끌려다녔으니까. 신랑이 어떻게
수소문해서 알았는지, 고베에 와서 아기를 데려갔어요.
길에 차가 못 다니니까 고베 하버랜드에서 배 타고
오사카로 왔다 그러더라고. 그러고는 얼마 안 있어서 나도
다시 (시)엄마한테 갔죠. 달리 갈 데가 없더라고요.
그러다가 1999년에 한국으로 돌아왔어요. 그것도 벌써
이십 년이 넘었네. 세월은 금방금방 가더라고. 우리 딸이
지금 서른한 살인데…… 벌써 그렇게 된 거죠.

돌아와서는 처음에 복지관에 있었어요. 발산동에
자매복지관. 거기서 한 일 년 구 개월을 딸이랑 같이 있었죠.
거긴 남자는 받지 않았어요. 교회에서 운영했을 거예요.

　　딸은 쭉 일본에서 자라서 한국말을 못 했을 때죠. 딸이
3학년 1학기 때 한국에 왔는데 계속 일본말만 하더라고.
나는 한국말을 하고 걔는 일본말을 하고. 그러다 짜증을

○　1995년 1월 17일, 효고현 남부에서 발생한 진도 7의 강진으로
사망자가 6000명이 넘었다.

많이 냈어. 왜냐하면 자기는 한국말을 못 하는데, 애들은 막 놀리지, 한국말은 또 다 알아듣지, 그러니까 밤중에도 막 성질을 부리더라고. 하여튼 힘들었지. 잔소리도 많이 했고.

거기서 일 년 넘게 있다가 나오게 됐어요. 거기가 10시까지 들어가는 그런 규정이 있었을 거야. 근데 우리가 몇 명이 어디를 갔었나 봐. 근데 돌아올 때 보니 10시가 넘은 거지. 들어가면 안 되는데, 우리가 담을 넘어 들어갔는지, 창문을 통해 기어들어 갔는지 들어갔어. 밤늦은 시간이니까 불을 켜면 안 되는데, 우리 딸이 무서워서 불을 켜달라고 하더라고. 그게 걸렸어요. 그길로 짐을 다 문 앞에 끌어다 놓고 나가라고 하더라고. 애랑 있는데, 돈은 한 푼도 없지…… 참 막막했지.

그러다가 발산동에 영훈교회인가? 거기에 갔어요. 밤 10시 반에 가서 내가 이렇게 이렇게 해서 나왔는데, 지금 갈 데도 없고 돈도 없다고 그랬더니 어떤 청년이 나와서 6만 원을 주더라고요. 진짜 큰돈인데 너무 고마웠지. 어딜 가긴 가야 하는데 돈은 없지, 밤은 캄캄하고 어두워지지…… 갈 데가 없다는 게 무서웠어요. 근데 그렇게 선뜻 돈을 주더라고요. 다른 교회 가서 자고 그 6만 원도 잘 쓰고 그랬죠.

그다음에, 서울대 근처에 복지관이 하나 있었어요. 거기서도 한 일 년 정도 있었나 그랬을 거야. 그러고는 중앙대 근처 복지관에서 살았어요. 크지는 않았고 봉천역 근처에 있는 5층짜리 건물이었어요. 놀이터 끼고 복지관이

있었지. 거기는 2000년. 진짜 오래됐지? 그러다가
2012년에 누가 알려 줘서 봉천동 빈집에 들어갔어요.
봉천12-1.°

　그즈음에는 내가 혼자였어요. 애는 열여섯 살 때 자기
친구네로 갔고. 사람이 다 나가서 동네가 껌껌해요. 이렇게
기어들어 가서 잠만 자고 나오는 거지. 그러다
포크레인인가 뭐가 툭툭 쳐내서는 집에 비가 새게 만들어
놔요. 또 한 번은 잠을 자는데 막 냄새가 나. 비가 오는
날인데 인분 냄새가 나더라고. "이게 무슨 냄새야?"
이러면서 아침에 나가 보니까 사슬로 잠가 놓은 문
양쪽에다 인분을 발라 놓은 거야. 나는 얼마나 바본지……
'어머 누가 이렇게 했지? 다 닦고 밤에 들어와서 자면 돼'
그랬어, 바보 같이. 그러고서는 사람들한테 얘기했어요.
우리 집이 이런 일이 생겼다 그랬더니 나더러 절대
들어가지 말라고, 큰일 난대. 그래서 안 들어갔어요. 나와
가지고 갈 데가 없으니까 '길자'라고 예전에 반석교회
복지관에서 만난 친구가 "언니 나 서울역에 있으니까 와.
같이 있자" 그러더라고. 그때 서울역에 처음 왔죠.

　길자는 지금 연락이 안 돼요. 다 늙은 할아버지하고
같이 다니고 그러더니 사라져 버렸어요. 영주인지 어디

　° 당시 재개발 구역으로 지금은 e편한세상 서울대입구 2차
아파트(청룡동)가 있다. 서가숙은 주민들의 이주가 시작된 2012년
4월부터 철거가 시작된 2012년 9월경까지 이곳에 살았다.

요양원에 간다고 그래서 내가 영주는 너무 머니까 가지
말라고 했지. 그랬더니 김포 어디 병원에 간다고 한 것
같아. 한참 후에 나타났는데, 얼굴이 완전히 달라져서 얼이
나가서 왔더라고. 어떻게든 연락은 됐었는데, 이제는 알
길이 없어요.

일본에서 돌아온 서가숙이 딸과 함께 찾은 곳은
시설이었고, 결국 닿게 된 곳은 서울역이었다. 가숙은 왜
가족에게 도움을 요청하지 않았을까? 그러지 않은 걸까,
그럴 수 없던 걸까?

우리가 오남매인데, 언니 큰오빠 작은오빠에 내가 네 번째고
여동생이 있죠. 다 있는데 잘 못 만나고 명절 그럴 때
큰오빠네 가죠. 큰오빠는 화곡동 부모님 집에 오래 살다가
개화역인가 어디로 이사 갔는데, 가보지는 않았죠. 나더러
"언제 한 번 와라" 그래서 알겠다고만 그랬지. 작은오빠는
따로 보지는 않고 언니네 가면 좀 만났어요. 사는 데가
가까워서 어떨 때 시장에 가면 얼굴은 보죠. 노량진에서도
올케를 본 것 같아. 내가 보따리를 이렇게 들고 다녔는데,
모른 척했지. 애들이 아주 그냥 멋지게 하고 다니더라고.
　　어릴 때 생각하면, 우리 엄마가 고생을 많이 했어요.
엄마가 장사해서 우리를 가르쳤어. 한번은 큰오빠가
고등학교 때 졸업 여행 간다고 돈을 달라고 하니까

아버지가 여행비를 안 줬어요. 그러니까 엄마가 그길로
장사를 시작했어요. 그것도 이렇게 편한 장사가 아니라,
겨울에는 팥죽 장사하고 여름에는 콩국 장사했어.

장사를 어떻게 하냐면, 엄마가 영천시장을 지나가면서
돈을 주고 팥을 사요. 그 대두콩이랑 팥을 내가 사서 들고
왔어. 그리고 새알인가 뭘 만들려고 방앗간에 내가
따라갔어요. 방앗간에 가서 찹쌀가루를 빻아 갖고 오면
그걸 반죽해서 새알을 만드는 거죠.

영천시장이라고 알아요? 거기가 우리 학교 지나가는
길인데, 거기 꽈배기가 있었어. 한창 클 때고 먹을 게 뭐
있나요. 옛날에 뭐 잘 먹기를 했나. 배가 고프니까 그
꽈배기도 사먹고……. 지금도 거기 꽈배기가 그렇게
유명해.

근데 우리가 산 데가 그 인왕산 선바위에 무허가로
게딱지 같이 붙은 집이었거든. 거기가 이렇게 편편한 데가
아니고 가파르거든. 거기 엄청 꼭대기에 살았어요. 거기는
보통 지나다니기만 해도 잘못하면 미끄러지고 그래요.
길이 돌멩이 밭이라. 근데 엄마가 팥죽 동이를 끼고
다니면서 거길 올라 다니신 거야. 여름에는 그냥 빈 몸에
다녀도 막 숨이 컥컥 막히고 그래요.

잠실 시영아파트 이사 와서는 함바를 했어요. 아파트
공사를 하니까 칼국수를 만들어서 팔았어요. 또 귤을 사다
아파트 들어오는 입구에서 팔기도 하고. 그럼 나도
사람들한테 이거 얼마라고 팔고 그랬던 것 같아. 그러다가

화곡동으로 이사하면서부터는 엄마가 장사를 접었죠.
애들이 학교를 다 졸업했거든요. 하여튼 엄마가 그렇게
고생하셨어요.

그전에는 엄마라는 그 단어도 잘 몰랐는데, 지금 생각하니까
엄마가 나한테 이렇게 해줬구나, 나를 이렇게 안아 줬구나,
그런 생각이 들어요. 우리 엄마가 지금 나처럼 아주
무뚝뚝하고 멋이 없어. 좋다는 말도 잘 할 줄 모르고 아주 멋이
없는 사람이야. 엄마에 대한 추억도 없고 막 생각도 안 나.
　아! 그래도 평택 살다가 서울에 온 뒤로 엄마가 잘해
주셨던 기억이 있어요. 그전에는 맨날 할아버지 반찬 해서
드리고 남으면 우리가 먹고 그랬거든요. 그랬는데 서울
와서는 그러지 않고, 다 한 상에서 엄마고 아버지하고 같이
먹었어요. 우리는 옛날부터 어른들이 먼저 먹는 거라
애들부터 먹으면 안 된다 그랬는데, 어느 날부터는 그런
소리도 안 하고 마음대로 먹고 아주 달라졌더라고.
엄마들은 역시 자식을 제일로 하시더라고. 그렇게
키우시더라고.
　엄마가 언제 돌아가셨더라…… 진짜 오래됐죠. 35년
전쯤에 돌아가셨어요. 내가 서른한 살 때 돌아가셨고,
쉰아홉 살이었지. 엄마가 평소에 당뇨가 있다고
말씀하셨는데 병원도 안 가고 아프지도 않았어요. 내가
무식했지. 병원에 가야 하는지 그런 것도 잘 몰랐어요.

한집에 살 때는 엄마가 건강했으니까. 그러다 언제 아침 9시쯤인가, 엄마가 빨래하셨나? 소파에 앉아서 어지럽고 토할 것 같은데 설명할 길이 없다 그러시더라고. 그러더니 엄청 토를 하셨어. 뇌출혈이었던 거 같아. 곧장 119 타고 병원에 가서 서울대학병원에 20일 계셨어요. 뇌 수술을 여덟 시간 하고, 한 네 밤인가 자고 돌아가셨어요. 수술하고 휠체어 탈 때 내가 병간호했지. 화장실을 못 가니까 내가 기저귀 갈아 드리고 그랬지. 그래도 나는 안 돌아가실 줄 알았어요. 그냥 너무 상식도 없고 경험도 없고…… 엄마가 돌아가실 리가 없다고 생각한 거지. 말도 못 하고 걷지도 못하고 고생하시다가 돌아가셨지.

작은오빠랑 잠실에서 같이 살 때 — 한 스무 살이나 스물한 살쯤 됐을 거 같아요 — 제가 그때 아남전자 공장에서 삼교대 하는 걸 좀 다녔어요. 현미경 같은 걸로 보면서 납땜질하는 거야. 거기서는 맨날 마이크 잡고 불러요, 누구누구 불량이 얼마 나왔다는 둥. 근데 나는 손이 더뎌서 못 하니까 맨날 그렇게 지적받더라고. 그래서 오래는 안 다녔어요.

　또 아가씨 때 화창 레스라고, 지금 말하자면 비너스 같은 거야, 거기서 한 일 년, 뭐 큐티라고 제품 검사를 했었어요. 양남동(현재 서울시 영등포구 양평동 일대)에 있었는데 언제인지 없어졌어요. 거기서 완제품 검사도 하고 원단 검사도 하고. 언제까지 공장에서 시간 맞춰야

한다고 그러면 밤을 샜지. 거긴 한 일 년 다녔어요. 나오면
할 것도 없었지만, 그때는 나이가 너무 어렸으니까요.
스물한두 살? 두세 살? 그런 나이였어요. 일 년 일하면 한
달 치 월급을 더 준다고 그래서 일 년을 채웠어요.

　　스물세 살 때인가…… 이대(이화여대) 가서 모델,
누드모델도 했었죠. 내가 빼빼 말랐어요. (몸무게가) 45,
46 했지. 항상 조그맣고 빼빼 말라서 서양화과랑 조소과
모델 하고 그랬어요. 학교에서 하다가 누구 학생이 부르면
개인 화실에 가거나 했지. 아버지가 의사인 학생 집에
가서도 했고. 인천대 덕성여대 인하대도 다녔어요. 이대
강사님이 날 부르고 해서 많이 갔죠. 아무튼 이대 전속
모델로 있었죠. 황○○라고 서양화과 학생 모델도
했었는데 나중에 보니까 유명한 화가가 됐더라구요.

　　나이 들어서는 식당에서 파출일도 했죠.
사무실(직업소개소)에 가서 얘기하면 회비를 얼마 내라고
해요. 그러면 거기서 어느 식당에 가라고 하는 거지. 가면
짧게 하기도 하고 길게 하기도 하고…… 한 삼사 개월 했을
거야. 아닌 게 아니라 맨날 주문 듣고선 잊어버린다고
야단맞고 지청구 맞았어. 나더러 가서 약 먹고 치매 고쳐서
오라더라고. 돌솥을 들고 다니는데 아침에 일어나면
배까지 땅겨서 못 일어나겠어. 너무 힘들다, 진짜 오늘은 못
가겠다, 아침마다 이런 생각이 들어서 그만뒀지. 그러고도
또 아마 파출일 하러 갔을 거예요. 근데 꾸준하게 일을
가야 돈이 되는데, 오늘은 힘들다 그러고 안 가고 돈

필요하면 가고 그러니까 이게(돈이) 모이지 않더라고.

(코로나라) 낮이든 밤이든 노상 마스크를 쓰고 있죠.° 벗을 때가 없으니 귀가 떨어질 것 같죠. 백신을 안 맞으면 어디 가서 줄 서서 밥도 못 먹지. 그냥 뭐 주먹밥이나 도시락 주고 그러죠. (밥을 먹으려면) 일주일마다 코 검사를 해서 (코로나 음성) 확인서를 가져와야 해요. 광야교회는 우리가 들어갈 수도 없고, 예배도 검사한 사람만 볼 수 있대요. 검사하면 안에 가서 식판에다 먹을 수 있는 거고, 검사를 안 받은 사람은 밖에서 컵밥을 먹는 거예요. 바깥에서 주죠. 그냥 아무 데나 앉아서 먹기도 하고, 서서 먹고, 화장실 앉아서 먹어요.

나는 3월에, 몸이 아픈 건 아닌데, 아침에 목이 약간 불편해서 검사했더니 두 줄이 나와서 양성이라고 그래요. 약도 없어서 걱정했지. 어떻게 어디 가서 밥을 먹고 살아야 하나. 나는 속으로 이거(코로나 테스트기가) 바뀐 거 아닌가, 별 증상 없는데, 했어요. 그랬는데 동대문에 생활 치료하는 데라면서 호텔로 오라 그러더라고요.

호텔에 딱 일주일 있었어요. 처음에는 어리둥절하고 너무 좋더라고. 밥걱정 안 해서 좋은데, 아휴 맨날

돌아다니던 사람이 갇혀 있으려니까 아주 고생했어. 또
들어가라고 하면 안 들어가지. 거기 가봤어요?

밤 11시. 셔터가 내려진 서울역 롯데아울렛 입구 옆에
광고판이 밝게 빛난다. 한 여성이 불빛에 의지해
종이박스를 깔고 있다. 그녀 옆 계단 아래로 서울역 광장이
보인다. 늦은 시각이지만 여전히 사람들이 그녀를 지나쳐
서울역으로 들어가고 나온다.

여기는 옛날에 항상 경비 두 사람이 의자에 앉았었어요.
그리고 화장실이 저기(롯데마트 주차장 안을 가리키며) 있는데
거긴 24시간 열어 놔요. 아무래도 좀…… 이렇게 많이 트여
있으니까 여자들은 여기서 자지. (서울역 역사) 2층에 있다가
새벽 1시 반이 되면 나가라 그래요. 세 시간 정도 문
닫았다가 4시 20분 되면 다시 문을 열어요. 그동안 근처에
박스 깔고 누웠다가 문 열리면 다시 들어가요.
　　서울역 광장에서 잘 때도 있는데, 아는 여자애가
돗자리 깔고 자면 그 옆에서 자죠. 이 밑에 가면
롯데리아°가 있었어요. 거기서 너겟 하나 사서 밤새도록

○　서울역 1번 출구와 14번 출구 사이에 있던 매장으로, 2023년
7월 현재는 다이소 서울역점이 위치해 있다.

있는 거예요. 거기는 24시간이니까.

나는 맨날 이렇게 엎드려 자는데, 푸름이는 안 그래. 개는 앉으면 거기가 안방이야. 그냥 앉은 채로 자는 거예요. 나는 그게 서툴러서 엎드려서 자면 (직원이) 막 경찰 데리고 와서 나가라고 해요. 나가면 갈 데도 없지.

한참 여기서 잘 때는 밤을 새우고 새벽에 6시 50분까지 걸어서 공덕역 6번 출구 앞에 있는 산마루교회에 가요. 도착해서 성가대 연습을 하고 나면 빵하고 우유를 주거든요. 그리고 7시 30분부터 예배를 드려요. 그럼 8시 30분에 밥을 잘 줘. 요새는 안 가요. 잠을 시원찮게 자니까 몸에 많이 무리가 간 것 같더라고.

또 여기 서울역 넘어가면 서부역 있거든요. 거기 민족사랑교회가 있어요. 노숙인들이 잘 수 있다고 해서 사모님하고 면담했더니, 여긴 남자들이 팬티만 입고 다녀서 여자는 못 잔대요. 그래도 어떡해, 잘 데가 없으니까 그냥 밤 12시 넘으면 몰래 교회에 들어가는 거야. 밤 되면 거기 전등도 꺼요. 몰래 들어가서 화장실 문 닫고 샤워하고 의자를 세 개 놓고서는 푹푹 자는 거예요. 새벽에 예배 보라고 5시 넘어서 불을 켜요. 그전에 나가는 거죠.

서울역 롯데마트 주차장 화장실에 히터가 있어요. 겨울에는 거기 들어가서 몸을 녹이고 나오기도 하고, 그냥 화장실에 있는 이들도 있고 그렇죠. 다른 화장실은 다 문을 닫았는데

유일하게 연 곳이 이 주차장이에요. 저쪽에 가면
다시서기하고 (서울역) 파출소 있잖아요. 그 근처에서 자는
사람들 다 여기 화장실로 와요.

여자 홈리스들은 장애인 화장실이 아주 그냥
놀이터예요. 누가 안 보고 간섭 안 한다 싶어서 많이
이용하거든요. 다른 곳은 마땅히 닦을 데가 없으니까.
놀이터마냥 있다니까 이상하죠? 정말 장애인 화장실을 잘
가요. 씻는다든가 빨래를 한다든가. 그러다 보면 누가 와서
막 두들기기도 하고. 벌거벗었는데 남자가 왔다나
어쨌다나……. 사실 우리가 어떨 때는 화장실이니까
여기는 안 본다 해가지고 벗고 닦을 때도 있거든요. 근데
한 번은 정말 문이 획 열리더라고. 너무 깜짝 놀란 거죠.
누가 연락했는지 경비가 열어 봤다고 그런 얘기를
하더라고.

요새는 지인 집에서 자요. 봉천동도 가고 마천동도
가고, 뭐 여러 군데 가요. 인천에도 가고. 응암역에 가서 잘
때도 있어요. 아무튼 어디 가도 대략 잘 자는 편이에요.

'여기가 어디지? 여기가 어디지?'

하도 돌아다니니까 아 머리 아파요. (옆에 놔둔 캐리어 하나,
쇼핑백 네 개를 바라보며) 저거는 지금도 끌고 가야 되고. 어떤

때는 방화역 가서 잘 때도 있어요. 근데 만약에 어떨 때 아침에 볼일이 있다고 하면 서울역에서 잘 수도 있어. 광장에 있는 사람들도 날 아니까 맨날 와서 자라고 해요. 나도 서울역 가면 항상 누굴 찾아가서 그 옆에 가서 자잖아요. 이 사람들도 누가 옆에 자면 좋잖아요. 그래서 언제는 서울로 텐트에서 네 명이 들어가서 잤어. 아이구……
지나가는 차가 어찌나 시끄럽던지.

요즘에는 분도의집(분도이웃집)을 지키고 있어요. 여기가 여자 홈리스들이 화 목 금 이렇게 와서 샤워한다든가, 조금 누워서 쉰다든가, 마사지 하든가, 또 쪽방에서 와서 뜨개질 같은 거 한다고 해요. 여자들은 있을 데가 없거든요. 라면이라든가 밥 같은 거 그런 것도 좀 먹을 수가 있고, 또 빨래하고 건조기가 있어서 말려서 갈 수도 있고.
　　내가 여기를 소개받았을 때, 원선이 언니 생각이 났어요. 요셉의원°에서 음악치료 들으면서 만난 언니예요. 그 언니가 장애인 화장실을 잘 가거든요. 맨날 얼마나 조마조마하겠어요. 딱 (인정)만나샘°° 앞에서 만났길래

　　° 　서울가톨릭사회복지회 부설 의료 기관으로 서울시 영등포구 여의도동에 위치해 있으며 음악 치료, 인문학 강좌 등의 프로그램을 운영한다.
　　°° 　인정복지재단에서 운영하는 노숙인 복지시설. 서울시

내가 여기를 알려 줬죠, 여기서 이렇게 닦고 한다고.
그랬더니 분도의집 앞까지 몇 번 왔다가 그냥 갔대요. 내가
기다렸는데 왜 안 왔냐고 그랬더니 "있잖아 나 지저분해서
좀 깨끗하게 하고 갈게" 그러더라고, 하하하. 여기 오면
양말 주고 옷 주고 속옷 주고 하는데 왜 안 왔어 그랬더니
"너무 잘해 줘서 미안해서 못 가" 그래. 끝이 없어요, 그
얘기 하면.

　　여성 홈리스가 밥 먹으러 줄 서면, 남자들이 이상한
말을 해요. "식당 가서 일하고 밥을 먹지" 그래. 지네도
와서 먹으면서. 그런 게 한두 번이 아니야. 밥 먹는 것도 약
타는 것도 여자들이 많아서 늦는다는 거야. 그렇게 괜히
여자들을 좌대요, 오지 말라고. 나는 면역이 돼서 그러거나
말거나 가서 줄을 서는데, 진짜 얼굴 두껍지 않으면 그거
줄 서서 먹기 힘들어요. 그러니까 급식하는 데도 피하고
화장실에 가는 거예요. 또 남자들은 아무 데나 막 눕잖아요.
근데 여자들은 누울 데가 없고 하니까 그런 데 가죠.

　　여성 홈리스가 적다고 생각하잖아요. 근데 아닌
것처럼 하고 있고, 안 보이는 데 가있고 그래서 그런
거예요. 화장실 안에도 바깥에도 사람이 있어요. 장애인
화장실 앞에서 쭈그리고 앉아 있는 사람도 있어요. 있을
데가 없어서 그 앞에 앉아 있는 거예요. 짐이 많으니까 밥

용산구 동자동에 위치해 있으며 무상 급식 등을 제공한다.

먹으러도 못 가고.

내가 실천단을 하지만, 사실 내 코가 석 자에요. 아닌 게
아니라 몸도 아프고, 결혼도 안 했고, 친구들도 다
떨어졌잖아요? 형제간도 오지 않고. 진짜 생각해 보면
머리가 지근지근 아픈 판인데, 그래도 좀 좋은 일을……
이렇게 시간을 나누든가…… 하여튼 나누는 일을 좀 하면
좋겠다, 그런 생각을 늘 하고 있어요.
　　아랫마을에 있다 보면, 밖에서 말을 할 일도 좀
있었어요. 기자회견도 하고 인터뷰도 하고 많이 했거든요.
처음에는 그냥 있는 그대로 글을 쓰고 말을 했어요. 근데
샛별이도 알아듣는 글을 써야 하는데, 영주가 알아듣는
말을 해야지, 싶더라구요. 나는 뭐 덧붙일 줄도 뗄 줄도
모르고 그냥 있는 그대로 그 애들이 이해할 수 있는 말을
해야겠다, 그렇게 생각했어요. 많이 모르는 이들이, 잘
모르는 이들이 알아들을 수 있는 말을 해야겠다.
　　근데 그것도 맨날 했던 말을 다시 하게 되니까 다른
사람들한테 좀 물어볼라치면, 노숙하는 남자들은 의견을
주는데 여자들은 대답을 잘 안 해요. 자기가 살아가면서
하고 싶은 말이라든가 문제점을 의식하고 살아야 하는데,
그게 쉽지 않은 것 같아요. 그거를 물어도 말을 잘 안
해주더라고.
　　그러다가 만난 어떤 이는 나한테 그러더라고, 자기가

글을 한번 써보겠다고 노트를 달라고. 그런 이도 있어.
그래서 내가 사주면서 열심히 쓰라고 그랬어, 뭐든지
열심히 쓰면 『홈리스뉴스』에 낼 수도 있다고. 그 사람은
조금 젊은 사람인데, 그런 노숙인들은 시간이 넉넉하니까
뭘 보는 걸 좋아해요. 『홈리스뉴스』를 주면 참
반가워하거든요. 그래서 내가 쓰고 하는 것처럼, 당신도
써서 내면 기고가 될 수도 있고 안 될 수도 있지만, 하여튼
일기 같은 걸 써보시라고 얘기했지. 어떤 사람은 말하고
싶어 하는 사람이 있어요. 글을 써내고 싶은데 그런 기회가
없는 사람도 있거든.

예전에 한번은 부암동 근처를 걷다가 친구한테 나는 예수를
믿으니까 편안하다고, 다 알아서 해주실 테니 행복하다고
말한 적이 있어요. 그랬더니 그 친구가 "아니 밤에 잘 데도
없는데 무슨 행복이야!" 그러는 거야. 뒤통수를 탁
얻어맞았지. '어 그러네. 오늘 어디 가서 자야 하나 생각하고
있었는데 내가 진짜 행복한 건가?' 그 뒤로 내가 행복하다는
말을 못 했어요.

'나는 믿는 사람인데. 가난했고 가난하고……
나 는 구 원 받 지 못 할 사 람 인 가 ?'

그러다 (실천단·인권지킴이) 활동을 시작했어요. 여기 저녁 6시까지 와서 밥 먹고 준비 모임 하고, 활동 끝나면 또 사후 모임, 사전 모임 하면 시간이 오래 걸려요. 저녁에 막차 끊어질 정도예요. 어떨 때는 바빠서 밥도 못 먹을 때가 있어요. 이걸 십 년 이상 하는 사람들이 있어요. 진짜 대단하죠. 그 사람들 옆에서 활동하다 보면, 내가 예전에 말로만 누굴 도와야 한다고 했던 거를 이제는 좀 하나 보다 싶어요. 성경이 뭐라 했냐 하면, '지극히 작은 자한테 한 것이 곧 나한테 한 것이다'(마태복음 25장 40절) 그랬어요. 그렇게 살아야겠다고 했는데 사실 그렇게 살지는 못했죠. 근데 이제 그 느낌이 들 때가 있더라고. 나도 지금 어려움이 많고 한데, 활동하다 보면 참 좋다, 좀 오래 했으면 좋겠다, 이런 생각이 들어요. 살다 보면 할 게 참 많잖아요. 또 남자도 만날 수도 있고. 근데 남자들 만나는 것보다 활동하는 게 더 좋더라고. 그러니까 뭐 나는 언제까지일지는 모르지만은 계속해서 이렇게 오래 잘하면서 살면 좋겠다 하는 그런 생각을 하고 있어요. 어머, 저분 다시 오셨네.

"안녕하세요! 두유 받으셨어요?"

공주 헝겊 기저귀를 빨아 햇살에 말리고 개면서 기저귀에서 행복 냄새가 나 맡았다. 그 냄새, 행복 냄새와 기저귀 개면서 행복했다. 94年년 / 月 고베지진 그 현장에 있었다. 아수라장 전쟁이 따로 없었다.

우리 건물에 유치원생 아들 둘 둔 엄마와 또 다른 유치원생 딸이 죽었다. 몇 년 후 그 동네에 갔는데 딸 죽은 엄마와 엄마가 죽은 아들 둘이 함께 산다고 들었다.

(지진) 첫날 과자를 조금 주고 ○○○ 소학교에 모두 모였다. 과자만 먹이고 옮겨 초등학교 원형 음악실에 잤고 주위에는 모차르트, 베토벤, 헨델 등 사진이 쭉 걸려 있었다. 밤새 TV를 보며 무서워했고 그 후는 계속 삼각김밥, 추울 때였는데 그것만 계속해 먹다 며칠이 지나 어느 방에 들어갔고 무서워 /층 큰방에 모였다. 자려 방으로 갔다 며칠 지나 쌀이 주어졌고 쌀을 씻는데 행복했다. 밥을 할 수 있다는 것. 따뜻한 밥을 먹고 쌀을 씻는데 그 자체만으로도 행복했다.

| 서가숙, 「무제」, 『글쓰기교실 글모음』(2020년 가을학기호, 홈리스야학) 중에서

ⓒ 서가숙

ⓒ 서가숙

웨딩사진 30여년 사진이다, 흘러다니다 내손에 들어온 귀한 사진.
결혼 전 웨딩사진 찍으러 경복궁 가서 사진을 찍었고
친구들이 달라해 줬고
잊고 있다가 내손에 들어와
비닐봉지에 싸갖고다녔다
이때는 내가 꿈을 꾸고 있는 것 같았다.

故 이명숙님
故 이민철님
故 이병성님
故 이준섭님
故 이창수님
故 이창우님
故 이창희님
故 이태선님
故 전상례님
故 전순남님
故 전연용님
故 전영애님
故 전현표님
故 조성균님
1963/8/10-2022/9/17
故 조성호님
故 조승준님
故 조영현님
故 조용학님
故 최정희님
1944/5/7-2022/1/4
거주지: 요양병원
故 최종철님
1976/2/25-2022/10/22
거주지: 고시원
정례: 2022-11-07
故 최종삼님
1948/10/20-2022/3/16
거주지: 고시원
정례: 2022-03-28
故 최종산님
1954/10/12-2022/4/2
故 임재호님
1961/5/20-2022/7/10
故 윤창일님
1960/7/7-2022/5/18
故 김난숙님
© 최인기

현재 제가 살고싶는
동 입니다. 처음에 ○동
종점에서
살았습니다.

집에만 있으면 답답
하고 우울증이 올것 같아서
인데 주변대 제시간 삼촌
들과 오으며 얘기하고싶으꺼서
매일 나오게 됩니다.

(서울역)
희망지원
신타.

제가 살고있는 ○○동
조용하고 살기는 좋와요
동네 조인들도 친절하
고요

누가 뭐라든 꿋꿋이

미희 이야기

홍수경

이 글의 주인공 임미희는
1976년, 전북 정읍에서 태어났다. 뇌전증 장애가 있다. 아버지의
폭력과 할머니의 욕설을 피해 열다섯 살 때 집을 나와 술집,
직업보도 시설 등을 전전했다. 첫 번째 남편과 헤어지고
1998년부터 서울역 인근 공원에서 노숙 생활을 했다. 이듬해에
두 번째 남편과 만나 양동·동자동 쪽방촌, 친구 집 등을
전전하며 살았다. 2006년, 기초생활수급자가 되었다. 현재는
이혼 후 전세 임대주택에 살고 있다.
다음은 2022년 4월부터 2023년 4월에 걸쳐 임미희가 들려준
이야기다.

가족

정읍에서 나고 부산에서 자랐어요. 어릴 땐 아버지가 맨날 엄마 두드려 패고 싸우던 것 말곤 기억이 안 나요. 꼭 밖에서 술 한잔 드시고 오시면 엄마한테 화풀이를 했어요. 저랑 동생은…… 애들이 뭘 알겠어요. 무서워서 덜덜 떨며 울다가 집주인 아줌마한테 달려가서 엄마 살려 달라고 하고……. 엄마 말론 아버지가 저도 많이 때렸대요. 책가방으로 머릴 맞아서 피가 나기도 했고, 갓난아기 때 부엌에 집어 던졌다네요. 그래도 아빠니까 내가 잘못한 건가 보다 하고 때리면 때리는 대로 가만히 있었죠.

초등학교 들어가자마자 열병이 나서 눈이 뒤집혔어요. 간질을 하루에 서너 번씩 했어요. 엄마가 나를 어떻게 해서든 살리고 싶어서 병원 데려가고 금식 기도도 하고 할 수 있는 걸 다 했는데 낫질 않더래요. 6개월을 꼬박 앓았어요. 그거 치료하느라 300만 원 정도 들었대요. 그 당시 집 한 채 살 값이죠.

아버지는 친구가 하는 고물상에서 일했어요. 엄마는 엄마대로 살림하시고. 그때 제가 돈이 뭔진 몰랐지만 넉넉하진 않았던 것 같아요. 엄마가 저 고친다고 이리 뛰고

저리 뛰고 고생 많이 했는데 아빠는 그 돈 다 어디 썼냐고
뭐라 하고……. 가족들은 이렇게 정이 없어요. 가족이라고
느껴지지도 않고.

초등학교 5학년 겨울방학 때 엄마가 저를 외할머니
집에 맡겨 두고 동생만 데려갔어요. 그쯤 엄마 아빠 사이에
뭔가 있었나 봐요. 방학 끝나면 데리러 오겠다고 했는데 올
생각을 안 하더라고요. 그래서 작은 외숙모 번호 알아내서
엄마한테 연락해서 만났어요. 하도 맞으니까 아빠 몰래
숨어 살고 있더라고요.

어느 날 아빠가 어떻게 제가 있는 교실에 찾아왔어요.
나는 미워도 아빠니까 날 찾아온 게 되게 좋더라구요.
엄마가 절대 알려 주지 말라고 했는데 집 있는 곳 싹 알려
줬어요. 나중에 되게 혼났죠.

얼마 안 되서 둘이 갈라섰어요. 엄마가 소식 없이 집을
나갔어요. 우리 놔두고 도망갔다고 고모들이 엄마 사는 데
찾아가서 머리끄댕이 잡고 때렸대요. 저랑 동생은 정읍에
있는 친할머니 집으로 갔어요. 근데 할머니가 눈만 뜨면
엄마 욕으로 시작해서 잘 때까지 욕을 퍼붓는 거예요. 다른
집은 손주 감싸 주는 경우가 많은데 그런 게 없었어요.
듣다못해 할머니랑 머리끄댕이 잡고 싸우고 도망가고
그랬어요.

아버지는 한 달에 한 번 왔는데 할머니 말만 믿고 저를
두들겨 팼어요. 나중에는 저를 정신병원에 집어넣었어요.
여럿이 쓰는 방이었는데 조금이라도 말 안 들으면 독방에

보내요. 심하다 싶으면 팔다릴 묶고요. 그 상태에서 소변도 그냥 싸야 했어요. 거기서 6개월을 지내다가 아버지가 꺼내 줬어요. 그땐 아버지가 무서워서 이렇다 저렇다 말을 못 했어요. 생각할 여유도 없었고. 지금 생각해 보면 정말 내가 미친 건지…… 우리 부모 맞나 싶은 생각도 들고…….

가출

열다섯 살에 정읍여중에 들어갔어요. 같은 반에 저처럼 일 년 꿇어서 들어온 애가 있었어요. 걔가 신입생 앞에서 제 욕을 하는 거예요. 그 자리에서 주먹으로 한 대 쳤더니 다운되더라고요. 곧장 퇴학 맞았어요. 그렇게 집에 있다가 할머니가 욕하는 소리 듣기 싫어서 무작정 나왔어요. 정읍역까지 걸어가서 서울역 애들 꼬지(구걸)하듯이 나도 꼬지해서 차비 벌었어요. 아무 기차나 잡아탔는데 원수 같은 할머니한테서 떨어지니 속이 시원하더라고요. 여기서 벗어나서 돈 많이 벌자 싶었어요.

　멋모르고 아무 역에 내린 게 부천역이었어요. 지금도 그렇지만 그 당시 부천역이 엄청 넓었어요. 길을 헤매다 조그만 담배 가게에 들어가서 어디 일할 데 없냐고 하니까 비디오방을 소개해 주더라고요. 거기 사장한테 일 구한다니까 자기가 운영하는 술집에 날 데려갔어요. 조그만 찻집 같은 곳인데 손님들 술 따라 주고 마시는 일을

했어요. 같이 일한 애들이 서너 명 있었는데 그때
미성년자를 많이 써서 열여섯 열일곱 살 또래였어요. 같이
술집에서 먹고 자고 했어요. 단속 뜨면 나가 있기도 하고.

날 새는 게 고달픈 것 말곤 크게 힘들지 않았어요. 오후
6시쯤 문을 열고 새벽 2, 3시쯤에 문을 닫았죠. 근처에
공장이 많아서 방글라데시 파키스탄 필리핀 애들도
손님으로 가끔 왔어요. 월 20만 원 정도 벌었는데 처음에는
화장품 옷 사야 하니까 가불해야 하고 빚만 지게
되더라고요. 기본적으로 스킨 로션 사야 하고 파운데이션
쉐도우 펜슬 등등 하면 10만 원 우습게 나가더라고요. 남는
게 거의 없었어요.

협성원

일한 지 얼마 안 됐을 때 손님이 다른 데 소개해 준다고 해서
따라갔어요. 저를 미아리 쪽°에 팔아먹으려고 하는데 이건
아니다 싶어 다른 곳에 가겠다고 하고 도망쳤죠.
뛰쳐나왔는데 여기가 어딘지 모르겠더라고요. 길을 헤매고
있다가 지나가던 사람한테 오갈 데가 없는데 어떻게 할 수
없냐고 물었어요. 알고 보니 학교 선생이더라고요. 어디에

°   서울시 성북구 하월곡동에 위치한, '미아리 텍사스'로 불리던
집창촌으로 추정된다.

전화를 하더니 여자애들 기술 가르쳐 주는 곳이 있다며
가보지 않겠냐고 해서 알겠다 했죠. 거기가
협성원°이었어요.

협성원에는 제 또래가 50, 60명 있었어요. 술집에서
단속으로 잡혀 오거나, 말 안 들어서 부모가 끌고 오거나,
저처럼 자원해서 들어왔어요. 자진해서 오는 것보다
단속으로 잡힌 애들이 많더라고요. 밤 9시에 자고 새벽
4시에 일어나 새벽 예배를 드렸어요. 씻고 밥 먹고 일을
시작했죠.

편물 봉제 미용 자수과가 있는데, 저는 편물과였어요.
요꾸 편물이라고 일본에서 들어온 스웨터 짜는 기계가
있어요. 그래프대로 실이랑 추 달고, 실밥 풀어서 연결해서
자르고……. 처음에는 서툴러서 많이 틀렸는데 하루 이틀
하다 보면 안 보고도 짜게 돼요. 그렇게 아침 9시부터 오후
5시까지 주 5일 일했어요. 근데 그렇게 일해도 돈을 안
줬어요. 현금으로 주는 게 아니라 필요한 물건을 적으면
매점에서 사주더라고요. 거기서 나갈 때 2만 원 받았어요.

○   인천에 위치한 협성여자기술양성원을 말한다. 소위 '윤락
여성'을 대상으로 한 직업보도 시설로, 1968년 설립돼
1990년대까지 운영됐다. 당시 윤락행위등방지법은 입소 대상을
"윤락 행위의 상습이 있는 여성, 환경 또는 성행으로 보아 윤락
행위를 행할 우려가 현저히 높다고 판단되는 여성"으로 명시하고
있다. 「윤락 여성 직업보도 시설 전국에 2개소」,
『연합뉴스』(1995/08/21).

　일주일에 한 번 청소랑 물품 검사하는데 잘못하면 고개 숙이고 무릎 꿇고 앉아서 온종일 잘못했다고 빌어야 했어요. 그것 말고도 그냥 잘못하기만 하면 엎드려뻗쳐 한 상태에서 방장한테 발뒤꿈치로 맞고 그러니까 지옥 같은 거죠. 방장은 방에서 제일 괜찮은 애들, 들어온 지 오래된 사람이 해요. 사감 쌤은 규칙 정해 주고 방마다 체크만 했어요. 밥도 사람 밥이 아니라 개밥 같은 거 줘요. 벌레도 나왔는데 안 먹으면 어지러우니 먹는 거죠. 외출 외박도 안 됐어요. 병원 갈 일이 있으면 양호 선생님하고 또 누구 하나 데리고 가야 해요. 부모님이 데리러 오지 않는 이상 못 나가는데 완전 감옥이죠.

　해마다 몇 명씩 탈출을 시도했어요. 근데 닭장처럼 철조망 둘러놓고 감시하니까 실패하죠. 저도 애들이랑 작전 짜서 나가려 한 적 있어요. 새벽 예배 때 원장님한테 따로 기도 받고 싶다고 해서 기도실에 들어갔어요. 기도하는 사이에 애들이 원장 뒤에서 포대 자루를 씌웠어요. 그사이에 도망가려고 했는데 철조망 때문에 잘 안됐어요. 빠따로 50대 맞고 되게 혼났죠. 협성원에서 이 년 구 개월 있다가 열여덟 살에 나왔어요. 새엄마랑 아버지가 찾으러 왔는데 되게 기분 좋더라고요.

결혼

아버지 집에 따라갔다가 자꾸 눈치가 보여서 부천 술집으로
돌아갔어요. 거기서 이규현 씨를 만났어요. 스물아홉 살
부산 사람이고 전기공인데 자기 직업이 있고 좋더라고요.
술집 생활 접고 저 오빠 따라가서 살아 볼까 싶었어요.
혼인신고하고 안산 신길동에 보증금 30만 원에 8만 원짜리
방 얻어서 같이 살았죠. 처음엔 잘해 주더라고요. 애 낳을 때
미역국 끓여 주고 기저귀도 빨아 놓고 했어요.

근데 이 사람이 노름을, 경마장 좋아하니까 돈 없으면
어디 가서 돈 가져오라고 협박하더라고요. 날 이용해서
전기제품을 사다가 다시 팔기도 하고요. 내 이름 앞으로
자꾸 빚이 생기는 거죠. 또 술 마시면 사람이 휙
돌더라고요. 나중엔 일도 안 하고 매일 친구 데려와서
노는데 도무지 못 살겠다 싶어서 혼자 나왔어요.

근데 애가 자꾸 눈에 밟혀서 갔더니 애아빠 친구들은
다 어디로 가고 아무도 없더라고요. 겨울에 세 살도 안 된
어린애가 혼자 떨면서 바닥에 누워 있는데 애아빠는
추우니까 장롱 속에서 자고 있고……. 그래서 애 업고 아는
오빠 차 타고 도망갔어요. 엄마한테 연락해서 맡아 달라고
하니 봐주겠다고 하더라고요. 제 표정이 좀 그랬나 봐요.
엄마 인생처럼 안 살았으면 했던 것 같아요.

거리의 친구들

애아빠랑 갈라선 후 다시 부천에 갔어요. 계속 돌아가게
되더라고요. 술집에서 알게 된 애가 서울 가면 재밌다고,
남자 친구 소개해 준다고 해서 갔어요. 여인숙에 있으면서
소개해 준 사람을 만났는데 별거 없더라고요.

　1998년 2월 13일, 스물셋에 서울역에 왔어요. 어디
가야 하나 막막한 마음으로 담배를 피는데 누가 갈 데는
있냐 묻더라고요. 없으면 서소문공원°에 가보래요. 가니까
공원 잔디밭에 텐트가 한 50개는 있는 거예요. 백 명
가까이 살았는데 애들 있는 가족들도 있고 제 또래도 열 명
넘게 있었어요. 그때 외환 위기가 터져서 서울역에
노숙자들이 많았어요. 남자는 일용직, 식당처럼 숙식 되는
일 하다 잘려서 오는 경우가 많았고, 여자는 집에서
쫓겨나거나 가출해서 오는 경우가 많았죠. 결혼해서
살다가 아니다 싶어 나온 사람도 있고.

　처음엔 거기서 어떻게 해야 하나 했는데 잘 곳 없으면
텐트에 있으라 하더라고요. 그렇게 사람들 술 마시는 데
같이 어울리고 날을 새기도 하며 친해졌죠. 삼촌들이 절

　° IMF 외환 위기 당시 상시 개방돼 있고 수도를 이용할 수 있었던
서소문역사문화공원에는 집을 잃고 거리로 나앉게 된 이들이
자리를 잡고 텐트촌을 형성했다. 김윤영, 「쫓겨나고 지워지고……
홈리스의 삶은 '재생'할 수 없나요」, 『비마이너』(2020/07/03).

많이 귀여워했어요. 삼촌들 덕에 종로에 있는 2000원짜리 해장국집도 가고, 조계사에서 밥 주는 거 먹고 했어요. 한번은 삼촌이 고추장 넣은 국수를 많이 만들어서 다 같이 먹었는데 맛있더라고요. 어떤 개그맨이 공원에서 노래자랑 행사를 연 적 있어요. 제가 노래를 잘 불러서 인기상으로 소주 한 박스 탔어요.° 근데 오빠들이 싹 가져가서 홀랑 마셔 버렸지 뭐예요, 하하. 교회 후원으로 서울역 광장에서 결혼식을 올린 적도 있어요. 쪽방이랑 거리에 사는 부부 네 쌍이 결혼했죠.

그즈음에 영주°°를 만났어요. 서울역 구역사 대합실에서 잔뜩 취해서 욕하면서 덤비더라고요. 웃통을 벗고 주접을 떨길래 "옷 안 입어? 이씨 콱!" 했더니 알겠다며 입더라고요. 저한테 한 대 맞을 뻔한 거 안 맞았지. 그렇게 계속 보다 보니까 어영부영 친구가 됐어요. 영주랑은 25년째 아는 사이죠. 개랑 술을 마시고 여름에 더우면 공원 화장실에서 문 걸어 잠그고 둘이서 샤워하고 그랬어요.

서울역에서 최고 고마운 사람은 기철 삼촌. 기철 삼촌은 제가 나쁜 길 가게 되면 꼭 잡아 주셨어요. 제가 술을 좀 마셨는데 그때마다 거짓말을 했어요. 그럼 "난

° 임미희는 2022년, 홈리스야학 자기자랑대회에서 최진희의 <천상재회>를 불러 대상을 수상한 바 있다.

°° 이 책 「두 여자」의 주인공 '영주'다.

가만히 있어도 천리만리를 보는데 네가 술 마셨단 소리가 안 들리겠냐. 거짓말하려면 나 보지 말고 아는 척도 하지 말라"고 하는데 그 말이 어찌나 무섭던지……. 제가 몸이 아프니까 걱정이 됐나 봐요.

어릴 때 아픈 후로 지금껏 간질을 해요. 보통 잘 때 하는데 깨고 나면 온몸이 다 아파요. 의사가 스트레스 안 받고 힘들지 않으면 괜찮다는데 그게 안 되니 문제죠.

기철 삼촌 덕에 술을 끊을 수 있었죠. 사람 차별하지 않고 좋게 대해 줬어요. 우리 애들을 특히 이뻐 해서 만나면 용돈 주고, 저한테 힘들면 연락하라고 한 분이에요. 내가 제일 좋아하는 사람이라 뭐 하나 있으면 삼촌을 챙기게 돼요.

옛날에는 노숙자들도 있건 없건 의리가 있어서 서로 감싸 주는 맛이 있었어요. 사람이 꾀죄죄하고 배고파하면 수건 주면서 씻으라 하고 뭐라도 멕였어요. 옆에서 욕하면 못하게끔 막아 주고. 지금은 그런 정이 없죠. 좋았던 시절이죠.

서소문공원 텐트촌이 1998년 10월에 없어졌어요, 성당에서 공원을 샀다고 들었어요. 공사한다고 텐트 다 철수하고 거기를 막아 버리더라고요. 갑자기 오갈 데가 없어졌는데 날을 새더라도 거리에선 안 잤어요. 서울역 광장에 의자가 많았는데 거기 앉아 있거나 바닥에 박스 깔고 앉거나 했죠. 당시 천막 쳐놓고 물건 파는 매점이 있었어요. 가겟방이 아니라 노점상이랑 비슷해요. 매점

아저씨가 늦게까지 장사하니까 이야기하면서 술 한잔 얻어먹고 그랬죠. 그러다 호주머니가 좀 차면 남대문 쪽방에서 일세로 잤어요.

애아빠라는 사람

아는 삼촌이 남대문 쪽방에서 돌도 안 된 애기와 살고 있었어요. 애기 엄마가 도망갔는데 나보고 아기 좀 봐주면서 같이 있자고 하더라고요. 갈 곳 없어 막막하던 차에 알겠다고 했어요. 애기 이름은 은경이. 애가 낯가림이 심해서 처음에 나한테 안 왔어요. 옆에서 자면서 밥 먹이고 씻기고 입히니까 나중에는 내 등짝에 달라붙어서 자더라고요. 방긋 웃으며 서툰 걸음으로 와서 애교를 부리는데 너무 귀여웠어요. 나한테 엄마라고 부르는데 엄마한테 맡긴 내 아이가 떠오르더라고요. 우리 애는 잘 지내고 있을지, 어떻게 지낼지 생각하니 마음이 참 갑갑했어요. 그렇게 6개월이 지났는데 은경이 아빠가 갑자기 나가라고 하더라고요, 나는 황당해서 왜 그러냐, 내가 뭘 잘 못했냐고 했는데 무작정 나가래요. 어쩔 수 없이 나오게 됐죠.
그동안 1000원씩 모아 둔 돈으로 근처 쪽방을 잡았어요. 어느 날 앞 건물에 살던 김수철 씨가 찾아와서 내가 맘에 든다고 사귀자고 하더라고요. 은경이 아빠랑 살

때 한 번씩 놀러 오던 사람인데 제가 집안일 잘하는 걸
좋게 봤나 봐요. 나중에 알고 보니 김수철 씨가 은경이
아빠한테 나랑 살아 보고 싶다고 했대요. 첫 번째 남편을
만났을 때 부모처럼 살지 않고 행복하게 살고 싶었었는데
잘 안됐죠. 김수철 씨가 노가다를 책임감 있게 잘했어요. 이
남자를 만나 또 그러겠나 싶어서 좋다고 했어요.

　근데 서울역에서 사람들과 술만 마시면 남의 말을
듣고 와서 제가 하는 말은 믿지도 않고 대판 싸우는 일이
많았어요. 얼마 안 되서 애기를 가졌어요. 김수철 씨한테
말했는데 병원 가서 지우고 헤어지자고 하는 거예요. 또
밖에서 무슨 소리를 들었냐고 하니까 대뜸 "너도 서울역에
있는 여자들이랑 똑같다"며 뭐하러 데리고 사냐는 거예요.
애 낳아 놓고 도망가던가 돈 갖고 튀는 여자라는 거죠.
자기가 필요하면 데리고 놀고 필요 없으면 차는 그런
여자애들이요. 내가 무슨 큰 죄를 지었길래 이런 일이
생기나 너무 힘들었어요.

　애 가진 지 5개월쯤 됐을 때 애기아빠라는 사람이 밖에
나가 들어오지 않는 거예요. 방세가 밀려서 쫓겨날 것
같은데 배는 불러오고……. 마침 쪽방촌 사랑방°에서
공공근로를 시켜 준다고 해요. 얼른 신청해서 서소문공원
맞은편에 있는 작은 공원에서 쓰레기 줍고 청소하는 일을

　　°　서울특별시립 남대문쪽방상담소를 말한다. 노숙인복지법에
따라 쪽방촌 주민의 생활 및 편의 시설을 지원한다.

했어요. 한 달 뒤 애아빠가 집에 들어와서 잘못했다고
하는데 애 생각하면서 꾹꾹 참고 받아 줬어요. 그 뒤에도
싸울 때 자기 뜻대로 안 되니까 소화기를 저한테 던지려
했어요. 쪽방 이모가 말려서 그나마 다행이죠. 오죽하면
우리 엄마가 계속 이혼하라고 하더라고요.

　　애기를 낳고 시어머니가 구로 쪽에 월셋방을 얻어
줬어요. 근데 애아빠가 또 집에 안 들어오더니 전화 와서는
카드빚 졌다고 방세 빼서 돈 달라고 하는 거예요. 그럼
나랑 애기는 어떻게 사냐 했더니 다른 말 말고 돈이나
붙이라고 야단이에요. 결국 보증금 빼서 보내고
가리봉동에 있는 친구 집에 갔어요. 친구도 저처럼
갓난이가 있었는데 모유가 말라서 제 모유를 자기
애기한테도 나눠 줄 수 있냐고 하더라고요. 알겠다고 하고
몇 달 같이 살았어요. 그러다가 도무지 애기랑 같이 살
방법이 안 보여서 제주도에 있는 시어머니한테 맡기고
왔어요. 한참 젖 먹을 때인데 마음이 찢어지는 것 같았어요.
그래도 친구 집에 얹혀사는데 공짜로 살 순 없잖아요.
하다못해 반찬값이라도 줘야 눈치가 안 보이죠.

동동거리는 삶

어찌해야 하나 싶던 차에 애기아빠가 돌아왔어요. 맘 잡고
살자고 하고 제주도에서 애기도 데려오고요. 2004년에

둘째가 생겼어요. 애가 태어날 때쯤 애아빠가 수급을 만들고 가양동에 있는 임대 아파트에 들어갔어요. 수급 2종°이라 자활을 해야 해요. 애아빠 이름으로 돼 있는데 제가 대신 자활을 했어요. 애 낳고 바로 거리 청소하는 일을 했죠. 애아빠는 미화원을 했어요. 근데 그걸 누가 알고 동사무소에 찔러서 수급이 잘린 거예요.°° 애아빠는 아빠대로 수급 잘렸다고 일도 그만두고 또 집을 나갔어요.

시어머니가 제주도에서 올라오셨어요. 내가 얘들을 봐줄 테니 네가 일하라고 해서 아파트 맞은편에 있는 삼겹살집에서 일했어요. 한 달 정도 했을까 시어머니가 우연히 제가 담배 피는 모습을 본 거예요. 딱 들켜서 저도 모르게 욕이 나온 걸 들어 버린 거죠. 말이 헛 나왔다고 했는데 가겠다고 하셔서 보내고……. 아파트비고 뭐고 다 못 내게 돼서 짐도 못 챙기고 나왔어요.

애들 맡길 곳이 없어서 발만 동동거리고 있는데 마침 등촌동에 있는 한 어린이집이 일주일씩 애들을 맡아 준다는 거예요. 거기 애들 맡겨 둔 상태로 나는 서울역으로 돌아와 신문 팔면서 월에 30만 원씩 벌어 쪽방을 잡았어요. 토요일에 애들 데려와서 쪽방에서 재우고, 밥 멕이고, 월요일에 다시 어린이집에 데려다주고 했죠.

○   조건부 수급자를 뜻한다. 기초생활보제도에서 근로 능력이 있는 사람은 자활 사업 참여를 조건으로 수급을 보장받게 된다.

○○   미화원 소득이 수입으로 잡혀 수급액이 삭감된 것이다.

제 처지가 막막해서 밤중에 서울역을 배회하는데 기철 삼촌이 김선미 씨(당시 노숙인인권공동실천단 활동가)를 한번 만나 보라고 하더라고요. 그렇게 찾아가서 사정을 얘기하니 김선미 씨가 구청에 제가 몸이 아프고 애도 둘인 상황을 잘 설명해 줘서 수급이 됐어요. 그래서 용산 2가동 쪽에 방을 얻어 애들을 데리고 있으면서 학교도 보냈죠. 돌아온 애아빠도 데리고 살았어요. 애들이 아빠 없다고 남들한테 손가락질 받을 게 싫더라고요. 그것도 그렇고 위층에 사는 총각이 자꾸 보일러 가스관을 두들기면서 위협하니 무서웠어요. 근데 애아빠가 계속 자기 멋대로 하니까 결국 이혼했죠. 지금은 애들 다 나가고 혼자 사는데 오히려 편해요. 몸이 아프면 좀 그래서 그렇지 걸리적거리는 것도 없고. 지금도 김수철 씨는 다시 같이 살았으면 하는데 난 싫어요.

못난 엄마지만

애들은 셋이에요. 첫 번째 남편 사이에서 딸 낳고, 김수철 씨랑 살 때 딸 아들 낳고. 첫째는 엄마가 다 키워서 잘 몰라요. 대학교 다니다가 미용일 하고 있어요. 둘째는 고등학교 다니다 너무 힘들다고 자퇴하고 싶대요. 검정고시 봐서 대학 들어가겠다고 해서 편한 대로 하라 했죠. 지금 대학교 3학년이에요. 막내는 서울에서 못 살겠다고 제주도

있는 고모 집에서 살겠다고 하더라고요. 그래서 중학교
2학년 때 제주도로 보냈어요.

몸이 아프고 못난 엄마지만 아무리 어려워도 내가
데리고 살아야지 생각했어요. 저한테 너도 '서울역
여자들'이랑 똑같을 거라고 욕했지만 누가 씨불여도
꿋꿋이 살아갔어요. 그렇게 한 십 년쯤 지나니까 주위에서
다들 인정하더라고요.

애들끼린 우애가 좋은데 난 사실 둘째 딸이랑 사이가
별로 안 좋았어요. 어릴 때 최고로 부러웠던 게 자기
부모한테 귀여움 받는 거였어요. 엄마가 때리면 아빠가
감싸 주고, 아빠가 때리면 엄마가 감싸 주는 그런 거
있잖아요. 내 나름대로 잘해 줘야지 했는데…… 그게 안
되더라고요. 나도 모르게 애들을 때리고 그러다 아동
보호시설에서 교육을 받기도 했어요.

그래도 엄마가 둘째 딸을 달래고 해서 지금은 감정이
풀렸어요. 가끔 반찬 만들어 주고 필요한 거 있으면 택배로
보내요. 연락이 잘 안될 때 조금 섭섭한 마음이 들긴
하는데 어떡해요, 내가 애들한테 해준 게 없는데. 난
애들한테 바라는 거 없어요. 엄마라고 여겨 주면 고맙고
지네들이 열심히 사는 거 보여 주면 되는 거죠.

늦은 배움

요즘도 서울역에 자주 가요. 10시쯤 집을 나서서 광장에 있는 의자에 앉아 삼촌들이랑 커피 마시면서 노가리 까면서 시간을 보내요. 심심하면 다시서기 가서 데스크에 앉아 있는 오빠 삼촌들이랑 이야기하죠. 점심도 같이 먹고요. 서울역에 있으면 내가 왜 여기 있나 싶다가도 다시 여기로 돌아오게 되더라고요. 예전엔 여기에 사람이 많았는데 지금은 별로 없어요. 처음에 같이 노숙 생활을 한 사람들이 많이 없어졌어요. 죽은 사람도 있고 다른 쪽방이나 고시원에 가는 사람도 있고.

2015년에 서울역 앞 토스트 장사하는 이모가 진형중고등학교˚를 소개해 주더라고요. 그 이모가 어지간하면 학교 가라고 안 해요. 서울역 노숙자라 해도 저처럼 성격이 쿨한 사람이 있는가 하면, 대부분은 막말로 "맛이 갔다"고 하죠, 또라이가 많은데 이모가 보기에 내가 괜찮았는지 학교에 다니라고 하더라고. 엄마도 배울 수 있으면 배우라고 좋아하더라고요. 거기 중학교 이 년, 고등학교 이 년 다녀서 고등학교까지 졸업했어요. 처음엔 공부 내용이 머릿속에 들어오지도 않았는데 하다 보니 되더라고요. 대단한 게 팔십몇 세 되는 분들도

˚ 　서울시 종로구에 위치한 학력인정 평생교육시설이다.

공부하더라고요. 뒤늦게 학교를 나올 수 있다는 게 참
흐뭇하고 우리 애들한테도 나중에 덜 혼날 것 같고 그렇죠.

그전에 성공회에서 하는 노숙인 인문학 교실°이
있어요. 거기서도 공부했어요. 바리스타 2급 자격증도
따고요. 요양보호사 자격증 도전했는데 두 번이나
떨어졌어요. 수급자라서 일은 못 하겠지만 그래도 계속
공부해 보고 싶어요. 운전면허증도 따고 싶고. 기회가 안
돼서 그렇지 배우고 싶은 건 많죠.

작년부터 홈리스야학에 다니고 있어요. 영주한테
이야기를 들어서 알고 있었어요. 분도이웃집 수녀님과
날라리 님이 일주일에 한 번 여자들 만나잖아요.°° 날라리
님이 좀 쿨하잖아요. 어딘지 모르게 끌리고 호기심이
가더라고요. 야학 하자고 하길래 선생님 반에 넣어 달라고
했어요. 이번 학기는 글쓰기, 권리숲, 영어, 컴퓨터 수업을
듣고 있어요. 글쓰기 수업에서 제가 살아온 인생에 대해
쓰고 있는데요, 제가 말을 잘 못하는데 속에 있는 말 끙끙
앓지 않고 글로 표현할 수 있는 게 좋아요. 이제 3분의 1
정도 썼는데 다 쓰면 책을 내고 싶어요. 인권지킴이도 같이

°　2005년부터 다시서기 종합지원센터가 노숙인 대상으로
진행하는 '성프란시스대학 인문학과정'을 말한다. 일 년간 철학
글쓰기 문학 등을 배운다.

°°　분도이웃집은 매주 금요일 오전 서울역에서 여성 홈리스를
만나는 거리 상담 활동을 진행하고 있다. '날라리'는 이 책의 「두
여자」를 쓴 최현숙이 홈리스야학에서 쓰는 별칭이다.

하고 있어요. 나도 예전에 여기서 노숙 생활하면서 고생을
많이 했죠. 텐트, 박스 깔고 자는 사람들을 보면 남일 같지
않고 조금이라도 도움이 됐으면 좋겠어요. 저처럼 다리
뻗고 잘 수 있는 집이 생겼으면 하고요. 평등하게 살아야죠.
누구는 좋게 살고 누구는 나쁘게 살라는 법은 없잖아요.

ⓒ 임미희

저에게 따뜻하고 힘이 되어 주는 사진
저에게는 한 가지의 나쁜 성격이 있습니다.
간단하게 얘기하자면 성격이 불입니다.
내 성질에 못 이겨내면 내 눈에 보이는 거
제 손에 잡히는 것을 다 버리는 습관이 있습니다.
지금은 아니지만.
그 이유는 생각지도 않은 사진이 저에 핸드폰에 저장이 되어 있기 때문입니다.
핸드폰에 담겨진 사진을 보며 나도 이런 시절이 있었나 하는 생각을 하게 됩니다.
이 사진을 보게 되면 이상하게 않좋은 생각은 잊어버리게 되고
오히려 시간이 흘러갔지만 나의 동생과 손을 잡고 있는 모습을 상상하게 되다
보니 너무 뿌듯하고 따뜻해진다는 생각이 들고요
지금 정부에서 도와주는 수급으로 살아가지만 나에게 자신감과 쿨한 성격으로
살아가게 해주는 나의 추억사진 저에게 정말 힘이 되어 너무 좋와요

© 임미희

여러분들 서울역에서 무지개 뜨는 광경을 보았나요
저는 보았어요 이 사진의 찍혀 있는 무지개가 점점 늘어나는 관경을 핸드폰으로
찍어서 여러가지 있는 거중 하나를 프린트해서 붙였습니다. 참 신기해요 요즘
우리 지구에 보면 5~60%가 오염이 되어 있는 걸로 생각하며 살아가는데
서울역에도 아직 무지개가 뜬다고 믿기기가 어려워요
정말 환경에 미치지 않고 서울역 하늘에도 무지개가 뜬다는 것이 정말 소중하고
귀하다는 생각이 듭니다.

두 여자

영주와 나

최현숙

이 글의 주인공 영주는
1975년생 울산 출신이다. 열다섯 살 때 집을 나와 서울역 광장, 고시원, 쪽방, 여인숙, 요양병원, 교도소 등에서 살았다. 분노 조절 장애, 당뇨, 급성 위궤양, 녹내장 등을 앓고 있으며, 지적 장애 중증 판정을 받았다.
여기엔 2020년 3월부터 2023년 6월까지의 이야기를 담았다.

"저는 전라도 남원인데, 고향이 경상도인가 봐요?"

처음 만난 자리의 어색함을 덜기 위한 질문이었는데, 영주는 "울산"이라는 답 뒤로 대구의 정신병원에 입원한 적이 있다는 말까지 덧붙였다. 나는 호기심을 감추며 조심스레 대화를 이었다.

"어디가 안 좋으셨나 보네요."

"안 좋은 건 없고 알콜 때문에 들어갔어요. 장애인증이 있어서 공짠데 너무 깝깝해서 나와 버렸어요."

그녀는 질문을 기다렸다는 듯 자꾸 진도를 나갔다.

"의성이랑 울산이랑 여러 군데 정신병원, 요양병원, 일반 병원까지 합해 한 십 년 정도 있었어요."

마치 직장 경력을 이야기하듯 병원 이름들을 읊으며 "빵에도 좀 있었다"라는 말까지 했다.

2020년 4월의 어느 금요일 저녁, 용산경찰서 근처 골목 어귀에서 우리는 그렇게 처음 만났다. 나는 한 달 전 홈리스행동에 들어와 인권지킴이 활동을 막 시작한 터였다.

영주는 삭발한 머리에 목소리나 웃음소리 모두 호탕해 눈에 띄는 스타일이었다. 낯선 곳에 처음 발을 들인 나는 사람들을 번거롭게 하지 않을까 조심스러웠고, 마주치는 사람이나 상황에 대해 관찰 말고는 일체의 판단을 하지 않겠다고 마음먹고 있었다.

당황스러울 정도의 솔직한 대화는 이후에도 계속됐다.

"날라리 님, 담뱃값은 준다는 거죠?"

약속 시간을 30분 앞두고 전화가 오더니 영주는 다짜고짜 이렇게 말했다. 첫 인터뷰 후 약속을 두 번이나 깨고 세 번째 약속을 잡은 날이었다. 첫 인터뷰 때 나는 우리 두 여자가 사용하는 공통의 단어가 부족함을 절감했다. 단어나 문장이 서로의 귀에 들어는 가지만 머리와 가슴 외벽에 스치기만 할 뿐 뚫고 들어가지 못하는 느낌이었다. 둘 다 상대의 언어와 만나지 못해 멈칫거리거나 뒤뚱대다 이내 미끄러져 버리곤 했다.

하지만 이 말에 나는 말귀가 퍼뜩 트여 얼른 대답했다.

"아유! 당연하죠!"

담뱃값이나 달라는 영주의 요구에는 살아온 내력과 위치가 찐득하게 묻어 있었고, 글을 쓴다는 사람 앞에서 대놓고 자신의 '이야기 값'을 흥정하는 대거리로 내 머리통에 찬물을 한 바가지를 부어 주는 듯했다. 쓸데없는 교양 나부랭이라곤 전혀 없는, 거리의 투박한 말. 그러고 보니 처음 식사를 함께했던 자리에서 인터뷰 제안과 함께 사례비 이야기를 꺼냈을 때도 "날라리 님 담배나 사피우시라"라고 했던 게 떠올랐다.

영주나 나나 무엇보다 담배는 떨어지지 말아야 하며, 담배를 충분히 확보해 놓으면 저절로 마음이 넉넉해지는

부류다. 나는 사십 년 넘게 니코틴 중독을 면하지 못하고
있다. 하여튼 그렇게 "담뱃값"과 "이야기"의 교환을 매개로
우리의 관계는 시작되었다.

영주는 일상적으로 내게 하루 두 번 정도 전화를 했다.
"날라리 님, 밥은 먹었어요?"로 시작되는 전화 수다에서
나는 형식적인 인터뷰보다 더 많은 이야기를 들을 수
있었다. 때로는 한 시간 넘게 통화가 이어지기도 했고,
그럭저럭 잘 이어지던 대화가 내가 충고랍시고 하는 "듣기
싫은 소리"로 인해 일방적으로 뚝 끊어져 버리기도 했지만,
한나절 정도 지나면 아무 일 없었다는 듯 또 전화가 왔기
때문에 나는 기다리고 있으면 됐다.

아버지와 엄마

영주는 열다섯 살 때 집을 나와 노숙을 시작했다. 그 이유는
"아버지가 자꾸 때려서"라고 했다. 하지만 아버지에 대한
그녀의 기억은 부정적인 것으로만 점철돼 있지 않았다.
아버지가 죽었다는 소식을 듣고 집을 찾아간 이야기를
하면서 영주는 이렇게 말했다.

> 97년, 서소문공원에서 잘 때야. 그날따라 기분이 좀
> 이상해서 집에 전화를 했어. 근데 아버지가 죽었다는
> 거야.

　노숙하던 삼촌들이 차비를 모아 줘서 강남 터미널에서
버스를 타고 내려갔어. 버스 안에서 아버지 혼하고
이야기를 하면서 갔어. "영주야, 빨리 온나. 어서 온나."
아버지가 그러더라구. "알았어. 지금 가고 있어. 나 갈
때까지 쪼금만 기달려. 가지 말고 기달려." 그러니까
"그래 알았다. 기다리고 있을 거니까 어서 온나." 그렇게
말을 하더라구.

　영주는 이 이야기를 열 번도 넘게 되풀이했고, 그럴
때마다 아버지에 대한 기억들은 더 깊어져 갔다. 나중에
들려준 이야기들을 보면, 삼남매 중 막내딸인 영주에게는
'좋은 아빠'에 관한 기억이 많았고, 가출의 시작이
아버지의 폭력이라는 애초의 설명은 가출 청소년들의 흔한
레퍼토리에서 빌린 핑계 같기도 했다.
　2020년 사망한 엄마에 대해서는 일관되게 좋은
기억들이 많았다. 엄마와는 가끔 통화도 하고 지내는
사이였는데, 영주에게 엄마는 늘 '집' '그리움' '돌아갈 곳'
같은 것들과 연결되었다.

　집 나와서 여기저기 떠돌며 살면서도 가끔씩 엄마 보러
갔댔어. 엄마 집 근처 여인숙에 방을 얻어서 살기도 했고.
너무 힘들어서 죽으려고 술 먹고 한강에 갔다가도 엄마
얼굴이 떠올라 못 뛰어내렸어. 내가 그렇게 죽었다는
소식이 엄마한테 가면 엄마가 얼마나 마음이 아프겠나,

그 생각에 못 죽겠더라구.

영주는 때때로 "울산 엄마한테 가서 돌아가실 때까지
같이 살까 생각 중"이라고 했다. 치매 말고도 병이 많아
얼마나 더 사실지 모른다는 이유에서였다. 그러다 영주는
연락이 끊겼던 오빠의 전화를 받고 엄마가 돌아가셨음을
알게 됐다. 엄마가 돌아가신 지 이미 두 달이 지난
시점이었다.

소식을 듣자마자 영주는 차비를 빌려 새벽 기차를
타고 집으로 향했다. 오빠를 만나 엄마 묻힌 데라도
가보겠다는 거였다. 그날 저녁 영주에게 전화를 걸어
보았으나 받지 않았다. 그리고 다음날 새벽 6시 반,
영주한테서 전화가 왔다. 목소리엔 취기가 많이 묻어
있었다.

지금 구미에요.
울산 가면서 기차에서 오빠한테 전화했더니 오지
말라고 하더라고요.
엄마는 평소 소원대로 화장해서 뿌려 줬고, 오빠네는
대구로 이사했대요.
근데 이사했다는 건 거짓말 같아요. 날 만나는 게
싫은가 보지 뭐.
어릴 적부터 오빠가 날 많이 때렸어. 그래서 우린
사이가 안 좋아요. 한번은 몽둥이로 너무 심하게 때려서

내가 집 근처 파출소에 신고해서 같이 파출소 가서 조사받고 그랬어요. 그 후로는 날 안 때리긴 했어.

엄마를 어디에 뿌렸는지는 아직 몰라요. 아버지 옆에다 뿌려 줬을라나?

그래서 가다 말고 그냥 구미에서 내렸어요. 시장 가서 5000원 주고 털신 하나 사신고 돌아다니다가 모텔방 잡아서 자고…… 아침 7시 10분에 출발하는 무궁화호 예매해 놓고…… 순댓국에 소주 한 병 먹고 지금 구미역 바로 뒤 공원이에요.

우리 엄마 가셨는데 소주 한 병은 먹어야 하지 않겠어요? 그쵸?

"그럼, 소주 한 병 까야지. 잘했어요. 곧 기차 시간이니까 잘 타고 와요."

나는 또 연락을 기다리다 다음날 저녁 다시 전화를 걸었다.

구미에서 타기는 했는데 천안에서 내렸어요.

그냥 내리고 싶어서요.

구미에도 천안에도 아는 사람은 없어요.

아랫마을 사람들 여러 명이 나한테 전화했댔어요. 내가 걱정되나 봐요. 여기서 하루 자고 내일 새벽 기차 타고 갈 거예요.

여전히 취기가 있었다.

"그래요. 나도 그냥 목소리 듣고 싶어 전화했어요. 잘 자고 새벽 기차 놓치지 말고 잘 와요. 보고 싶어요."

정을 나눈 사람들

영주는 돈을 벌게 해주겠다는 명의 도용 브로커에게 속아 2003년 동갑인 한 장애인과 위장 결혼을 했다. 하지만 당시도 지금도 그녀는 그 관계를 보통의 혼인 관계로 여기고 있었다.

> 처음 같이 살기 시작할 때 "종철아, 니가 한쪽 팔하고 다리하고 불편하니까 내가 니 팔하고 다리가 돼 줄게" 그러고 서로 다짐하고 만난 거였어. 정 주고 살아 보려고 했었어.
> 서울역 구역사 계단 있는 데서 같이 잘 때 그 남자가 간질이 있어서 어떤 때는 간질 그거를 하다 쓰러지면 입에서 거품이랑 피를 흘리고 그러거든. 그러면 내가 화장실 가서 물 묻혀 와서 닦아 주고 그랬어.
> 그렇게 정 주고 술도 끊고 같이 살아 보려고 했는데 금방 끝나 버렸어. 툭하면 술 먹고 돈 다 뺏기고 그러니까 나도 같이 술 먹게 되고, 그러다가 헤어졌지 뭐.
> 얼마 전에도 그 남자를 만났어, 서울역에서 우연히.

지금도 안 좋고 피하고 그런 거는 없어. 이혼할 때도 내가 해달라고 하니까 반대하고 그러지는 않았어. 그때 생긴 신용 불량은 아직 그대로야.

용돈은 고사하고 두 사람의 기초수급비까지 사기꾼 브로커에게 뜯겼고, 그때의 명의 대여로 생긴 빚 때문에 영주는 지금까지 신용 불량 상태다. 일 년 반 동안 이어진 결혼 생활은 주로는 노숙이었고 어쩌다 여관을 찾았다. 본인이 요청하고 그 남성이 동의하면서 2012년, 활동가의 도움을 받아 둘은 법적으로 이혼했다.

영주는 이 남자에 대해서도 여러 번 반복적으로 이야기했고, 그럴 때마다 다른 동거 생활들과 연애사로 이야기가 뻗어 나갔다. 길게는 이 년 반, 짧게는 2주 정도 사귄 남자들이 있었고, 방을 얻거나 노숙을 하면서 관계를 이어 나갔으며, 그중에는 폭력적인 남자도, 좋은 남자도 있었다.

2022년 4월 말부터 영주는 노숙을 하는 연하의 남성과 사귀기 시작했다. 그에 대한 돈 씀씀이와 동거 계획 등에 대한 내 염려를 영주는 단호하게 거부했다.

"그건 날라리 님 생각이고요, 이 사람이 나한테는 마지막 남자예요!"

이 남자와는 곧 헤어졌고, 이후 비슷한 남자관계가 서너 번 반복됐다.

정을 나눈 여자들과 아이들도 있었다.

서울역 첨 왔을 때, 내보다 댓살 많은 전라도 언니가 내를
보고 "나이도 어린 가시나가 어쩌다가 집을 나왔냐"면서
챙겨 주더라고. 있는 돈 다 털어 컵라면하구 음료수랑
담배를 사주고 밥 먹을 데랑 잠자는 데를 알려 줬댔어요.

　그 언니는 김제에서 결혼해 아이 둘 낳고 살았는데,
남편이 뚝하면 술 먹고 때리고 하더니 결국은 쫓아냈대요.
그 언니랑은 교회 꼬지o도 같이 다녔어요. 그렇게 돈
모아서 여인숙이랑 피씨방 그런 데서 며칠씩 자기도
했고, 주로 같이 노숙했댔지.

　칠 년 전 내가 정신병원에 입원해 있을 때 서울역
노숙인 삼촌과 통화하다가 그 언니가 동자동 고시원에서
죽었다는 소식을 들었어. 차비가 없어서 올 수는
없었지만…….

스물세 살 아임프(IMF) 때 쌀 한 되에 2500원 할 때,
서소문공원에서 집 나온 10대 머스마들 대여섯을 한동안
거둬 먹였어. 아임프 때 노숙자로 나온 삼촌들한테 돈도
모으고 냄비랑 버너랑 빌려서 냄비 밥도 하고 국수도
삶아 먹였고. 김치 하나만 줘도 세상 맛있게 먹더라고.
애들이 정말 이뻤어. 집에 보내려고 경찰서 데려가서

---

　o　　교회나 성당, 절 등을 돌며 소액의 돈을 모으는 일을
말한다. 예배에 의무적으로 참여하기도 하고 식사를
제공받기도 한다.

부모랑 연결을 해줘도 또 집 나와서 날 찾아오더라고.

2011년, 서울역 측이 대합실 노숙인에 대한 강제 퇴거 조치를 시작했을 때 홈리스행동 등 빈민 운동 단체들은 광장 중앙 계단 아래 천막을 쳤다. 영주는 이때 홈리스행동을 처음 만났다.

밥 냄새를 따라 천막에 들어갔다가 일주일 만에 밥을 먹어 봤어. 김이 무럭무럭 나는 뜨거운 밥이었어. 왜 그렇게 오래 식사를 못했냐고 밥쌰 님이 묻더라고. 술 마시고 자느라고 무료 급식 때를 못 맞췄다고 그랬지 뭐. 밥쌰 님 하고 배고파 님이 말을 참 따뜻하게 해주더라고. 그래가지고 그 서울역 싸움으도 같이 하게 됐어. 대합실 바닥에 여럿이 둘러앉아서 "부역장 나와라, 부역장 나와라" 하고 소리치고 노래도 부르고 그랬어. 지금도 배고파 님이랑은 그 얘기를 가끔 해.

　빵살이를 해도, 병원살이를 해도, 울산 엄마 집에 내려가도, 서울역이랑 서울역 사람들한테 오고 싶어서 또 여기루 오게 되는 거야. 서울역에는 정든 게 많아.

　　○　2011년 7월 20일, 한국철도공사가 서울역 역사 내 거리 홈리스 퇴거 방침을 확정하면서, 홈리스행동을 비롯한 연대 단체들은 '서울역 노숙인 강제 퇴거 공동대책위원회'를 꾸려 천막 농성과 문화제, 집회와 대합실 점거 투쟁 등을 삼 년간 이어 간 바 있다.

영주는 여러 대목에서 "정"情이라는 말을 자주 썼다. 나는 거의 사용하지 않는 단어라 그 감성의 깊이를 가늠해보려고 더 세세하게 물어봤지만 내 말은 잘 가닿지 않는 것 같았다. 그렇더라도 영주를 살게 한 힘 중 큰 것이 사람들과 나눈 '정'임은 분명해 보였다.

서울역

지방에 사는 가난한 청년들에게 서울역은 밥벌이를 위해 서울로 들어서는 입구인 경우가 많다. 울산에서 중하위 계층으로 살다 중학교 2학년 때 학교를 그만둔 후 영주는 서울역이 너무 가보고 싶었다. 애초에 가출 후 목적지도 서울역이었다. 영주에게 서울역은 서울의 입구나 서울로 진입하기 위한 경로가 아니라 처음부터 도착지였고 "제2의 고향", 엄마 아버지 다 돌아가신 지금은 "진짜 고향"이다.

중산층 집안의 큰딸이자 아버지의 규율을 거부하며 가출과 방황을 거듭하던 젊은 시절 내게 서울역은 탈출을 위한 출구이자 결국은 돌아오고 만 '아버지의 집' 입구였다. 결국 돌아오고 말았던 이유는 되돌아보면 두려움 때문이었다. 경계를 넘어 떠도는 자유를 잠깐 탐닉했지만, 몸과 마음이 지치고 돈이 떨어지면 더 이상의 추락과 타락이 무서워 결국 규율과 안정 속으로 기어들어 왔다.

열다섯 살 때부터 마흔여덟인 지금까지 영주의
거주지는 서울역 노숙인 광장이었고 최근 사 년여는 인근
고시원과 쪽방과 여인숙이었다. 어쩌다 보니 흘러가게 된
부산역과 울산역 광주역 수원역 등에서의 생활은 모두
임시였고 짧았다. 나는 사실 영주의 자유로움과 생존력이
부러웠다.

큰딸인 나를 단속하던 아버지의 규율 중 하나는
'어쨌든 잠은 집에 와서 자야 한다'는 것이었다. 집에서
잔다는 것은, 공간적 심리적 자유를 저당 잡히는 일이기도
했다. 그 규율은 아버지를 다 떨쳐 내고 난 지금까지도 내
안에 남아 있다.

"무섭지 않았어?"

"뭐가 무서워? 오갈 데 없어서 고생스럽기야 했지만
무섭지는 않았어."

기껏 더 물어 봤자 "나는 원래 남자 같은 성격이야"
정도의 답으로 끝날 뿐이었지만, 나는 영주의 말과 욕망
언저리를 헤맸다. 그녀의 자유로움과 거침없음, 생존력과
당당함에 놀라는 한편, 나는 아마도 견뎌 내지 못할 "오갈
데 없는 고생"을 애써 상상해 보기도 했다. 적어도 그런
점에서 영주는 나보다 훨씬 강했다. 나는 이제 비교적
자유롭게 혼자 사는 예순여섯의 여성임에도 불구하고
영주의 "무섭지 않다"는 말을 구체적으로 이해할 수

없었다. "지적 장애 중증"이라는 의료 증서를 구태여
대입해 봤자 머릿속은 더 꼬일 뿐이었다.° 확실한 것
하나는, 늘 그랬듯 지금도 영주는 서울역 주변에서 서울역
사람들과 어울리며 자신의 삶을 자기 뜻대로 이어 가고
있다는 것이었다.

두 여자의 새벽

수면 시간이 불안정한 영주는 새벽 2시에 일어나 남산과
서울역과 용산공원 등으로 산책을 가곤 했다. 한동안은
내게도 새벽에 전화를 자주 걸었다. 나 역시 새벽 시간에
보통 깨어 있는 사람이라 우리는 새벽 통화를 많이 했다.
그럴 때 영주는 늘 집을 나와 어딘가를 돌아다니는
중이었다. 깜깜한 새벽에 혼자 서울역을 돌아다니거나
남산을 오르내리거나 자전거를 타고 한강공원이나 여의도
공원까지 다녀오곤 했다.
    통행금지가 있던 학창시절, 나는 새벽 4시면 집을
나오곤 했다. 최대한 빨리 '아버지의 집'을 빠져나오고
싶었기 때문이다. 그 새벽마다 하루치의 자유와 어제와는
다른 나를 갈망했지만, 대체로는 하루치의 혼돈을

반복했다. 대학 때는 새벽 5시 10분에 서울역 서부역에서
출발하는 교외선 순환 열차를 타고 두 시간 십 분간의
순환을 수도 없이 반복했다. 교외선 말고도 내가 즐겼던
새벽들은 많다. 새벽녘의 거리, 대학 때 도둑질을 위해 동이
터올 즈음 찾았던, 사물함이 늘어선 복도와 도서관, 새벽의
용산 야채 도매시장과 노량진 수산시장…… 새벽에 떠돌다
제자리로 돌아오는 순환 궤도를 나는 과연 빠져나올 수
있을까? 이 궤도를 끊고 내 길을 만들어 낼 수 있을까?
나는 누구이고 내 길은 무엇일까?

　　아버지를 미워한 힘으로 내 길을 만든 후에도 나는
최대한 새벽을 즐기며 살았다. 철야 농성을 마치고 나면
신호를 무시한 채 횡단하곤 했던 대로 위의 새벽, 늦은
귀가나 이른 출발을 위해 걷던 익숙한 골목길의 새벽, 낯선
고장이나 외국을 여행할 때면 꼭 알람을 맞춰 두고 걸었던
새벽길…… 혼자 사는 지금도 여전히 새벽은 나를 설레게
한다. 온갖 연관들에서 떨어져 온전히 혼자를 즐기는 것은
새벽이어야 가능하다. 영주에게 새벽은 무엇일까.

미지의 어둠

"얼마 전 진짜 빡치는 일을 당해서 경찰에 신고했어."
　　2020년 9월 4일 금요일 저녁, 서울역으로 노숙인들을
만나러 가는 봉고차 안이었다. 영주는 뜬금없이 큰

목소리로 말했다.

　차 안에는 일순간 정적이 흘렀다. 나를 포함해 몇몇은 이미 영주의 이야기를 들어 내용을 좀 알고 있었지만, 모르는 사람도 있었다. 나는 그녀의 말을 멈추게 하는 게 좋을지 고민스러웠다. 성폭력 피해를 공개적으로 말하지 못하게 하는 사회적 통념에 내가 지금 공조하려는 게 아닌지, 계속 말하게 뒀다가 혹시 영주에게 다른 안 좋은 일이 생기는 건 아닐지 하는 내 염려는 쓸데없는 '보호'인지, 여러 생각이 얽히는 동안 누군가 "그 얘기는 나중에 하자" 말했고, 나도 비슷한 말을 보탰다.

　본인의 의지와 활동가의 지원으로 영주가 당한 성폭력 사건은 제대로 처리 중이었다. 신고부터 시작해 이후의 절차들을 적절히 밟아 나가는 모습이 다행이고 놀라웠는데, 나중에 생각해 보니 노숙 판에서 여러 차례 형사사건에 연루되었던 영주가 경찰과 사법 절차에 대해 잘 아는 것은 당연했다. 그런데 영주를 "빡치게" 한 점은 자신의 피해가 아니라 다른 데 있다는 걸 알고 나는 또 혼돈에 빠졌다.

　　전부터 알고 지내던 사람이고 원래는 신고할 생각이 없었는데, 깜빡 두고 나온 핸드폰을 찾으러 다시 가보니까 아, 이 자식이 내 핸드폰 주소록을 뒤지고 있는 거야.

　　주소록에 야학 교수님ㅇ들이랑 학생들 연락처가

많거든. 혹시라도 그 사람들한테 피해 가는 일이 생길까 봐 나오자마자 바로 서대문경찰서 가서 신고했어.

영주는 "아랫마을 사람들, 특히 교수님들에게 피해 갈까 봐"라는 말을 여러 차례 반복했다.

며칠 후 나는 일의 진행 상황을 비롯해 그것에 대한 영주의 생각과 감정의 맥락을 더 물어보았다. 못 느끼든 안 느끼든 적어도 그녀에게 수치심 따위는 없었다. 영주는 질문을 위해 내가 사용한 단어들을 비껴가며 "빡쳐서" "화딱지" 같은 말에 욕과 웃음을 섞어 자신의 느낌을 표현했고, 내가 사용한 "분노"라는 단어를 어정쩡하게 받으며 그 이유가 '아랫마을 사람들'임을 누차 강조했다. 한참 뒤 다른 대화에서 확인한 바로는, 그 남자와는 이전에도 성관계가 있었고, 딱히 그 대가라고 보기 애매한 약간의 돈이나 음식을 제공받은 적이 있었다.

이 성폭력 사건이 새로운 국면을 맞을 때마다 대체로 먼저 이야기를 꺼낸 쪽은 영주였다. 경찰 신고 직후 여경과 함께 병원에 가서 남자 의사를 만나 어떤 대화를 나누었는지, 그리고 증거 채취 과정이 어땠는지도 영주는 상세히 이야기했다. 그 말들을 얼마큼 정확히 글로 남길지 나는 마음을 정할 수 없었다. 성기와 유방 등을 검사하는

○   여러 번 고쳐 말해 줘도 영주는 야학 교사들을 자꾸 "교수님"이라 불렀다.

과정을 상세히 묘사하며 그녀가 사용한 단어들에 나는
생경함과 당혹감을 느꼈고, 녹음기를 틀고 영주가 사용한
낱말들을 다시 마주하며 그런 내 감정을 노려보았다.

　그 뻔하고 흔한 낱말들이 왜 내 뇌에서 걸리적거리는
걸까? 아직 내 속에 잔재하는 어떤 규범들 때문일까?
아니면 홈리스 여성에 대해 내가 가진 고정관념 때문일까?
아니면 그것이 다른 홈리스 여성이 아닌 영주여서일까?
소위 성폭력 피해 여성에게 뒤집어씌우는 "꽃뱀"이라는
고정관념과 그녀는 어떤 관련이 있을까/없을까? 영주를
이해하려 노력하면서 나는 어떤 구별 짓기에 갇히거나
그녀를 대상화하는 오류로 미끄러지는가?

　이 미궁을 헤매며 내게는 어떤 틈이 만들어지는 것
같았다.

　　형사재판은 따로 하는 거고 피해자 합의는 50만 원으로
　　했어. 근데 합의문 그거(공증) 하는 돈이 10만 원이더라고.
　　그 사람도 돈이 없는 사람이어서 10만 원은 내가 내줬고,
　　40만 원으로 새 자전거를 샀어.

　영주는 그 자전거를 고시원 건물 바깥에 자물쇠로
단단히 묶어 두었으나 나흘 만에 도둑맞았다.

　그녀의 홈리스 생애 동안 성폭력은 일상다반사였고
합의금으로 자전거를 산 것과 도둑맞은 것 또한

그녀에게는 그저 그런 다반사 중 하나였다.

영주에게 섹슈얼리티는 좀 나은 잠자리와 한 끼를
얻기 위한 협상 수단이기도 했다. 임신은 그저 재수에 맡길
수밖에 없었고, 그 재수는 좋기도 했고 나쁘기도 했다.
"재수가 없어" 임신이 되면 울산 엄마네를 찾아 병원에서
낙태 수술을 받았다. 꼭 한 번 낳을까를 "좀 고민"했는데
자신이 없었고, 이후 정기적으로 피임 시술을 하고 있다.
'성폭력'이나 '성매매'라 이름 붙일 것도 없는 '하룻밤'들에
대해 낙인이나 자괴 따위는 없었다. 그것은 경우에 따라
"빡치고" "화딱지"가 나는 일이 될 뿐이었다.

그런데 2022년 4월 말 인터뷰에서 나는 새로운 이야기를
듣게 됐다. 우리는 최근 시작한 영주의 연애에 대해
이야기하고 있었다. 나는 섹스 중의 쾌감에 대해 물었고,
영주는 이제껏 그런 쾌감을 느껴 본 적이 없다고 했다.

나는 그런 거 몰라요. 여지껏 한 번도 그런 거 느껴 본 적이
없어. …… 좋아하는 사람이랑 해도 그런 거 없더라고.
하자니까 그냥 대주는 거지. …… 글쎄, 왜 그걸 모르는지
그건 모르겠는데, 뭐 하도 많이 당해서 그럴라나……
노숙하면서 억지로 많이 당해서. 어려서 노숙할 때는
몰라서 신고도 못 했고, 나중에 알게 되고서는 신고도
하고 어떨 땐 돈도 받고 그랬지, 손해배상 돈. 근데 강제로

당하는 거 말고 돈 쪼매 받고 하든, 아는 삼촌 따라가서 하든, 정 준 사람이랑 하든, 섹스하면서 내가 막 좋고 안 하면 하고 싶고 그런 거는 없어요.

나는 또다시 아버지나 오빠에게 당했던 폭력이 영주의 가출과 얼마나 연관되는지 가늠해 보기 위해 혹시 친족 성폭력을 겪은 적이 있는지 물었다. 영주는 그런 일은 없었다고 했다. 그러면서 문득 생각난다는 듯 오래전 이야기를 꺼냈다.

근데 6학년 때부터 중학교 1학년까지 초등학교 수위한테 당했댔어, 성폭력 그거를.…… 일주일에 세 번은 될 거야. 중학교가 초등학교 바로 옆이었거든. 그니까 중학교 때도 공부 끝나고 내가 안 가면 아저씨가 학교 앞에서 기다리다가 델고 갔어.

아저씨가 아버지랑 아는 사람이야. 말하자면 아버지 동네 후배야. 나이도 아버지 또래니까 그때로 오십 하나나 둘 그랬을 것 같아. 부서진 책상이랑 의자랑 모아 두는 창고 있잖아, 거기서 그랬어. 싫다구 아프다구 해도 막 하더라고.…… 그때는 아직 멘스를 안 했댔어.…… 맛있는 거나 돈 그런 걸 좀 주기는 했어. 그러다가 어떻게 안 하게 됐는지는 기억이 안 나.

초등학교 6학년 때부터 중학교 1학년 때까지

지속적으로 성폭행을 당했다는 것도 놀라웠지만 나는
영주가 그 이야기를 꺼낸 경로가 더 신기했다. 이제껏
남한테 해본 적이 없는 이야기인데, 창피해서 그런 게
아니라 "엄마아부지한테 혼날까 봐 못 했"던 말이었고,
그날도 그 이야기를 하려던 게 아니라 대화 도중 "어릴 때
성폭력 그걸" 물으니까 "딱 기억이 난 거"여서 말한
것이었다.

　나는 그 사건이 그녀 안에 깊은 상처와 어둠을 남겼을
것이고 열다섯에 감행했던 가출과 이어지는 노숙 생활과도
연관되리라 여겨져 이후에도 몇 번 그 이야기로 돌아가곤
했다. 하지만 "그때는 아프니까 쫌 싫었지만 상처 머 그런
거는 없다"는 말뿐 이야기가 더 진전되지 않았다. 오히려
당한 사람은 그냥 지나치고 사는데 듣는 사람이 그 자리에
자꾸 끌고 가는 모양새라 윤리적 고민이 들 정도였다. 그런
경험을 상처로 느끼거나 해석하지 못하는 것이 지적 장애
때문일지, 또 경로를 이해하기 어려운 평소의 분노 폭발이
이 일과 어떤 연관이 있을지 궁금했지만 나로선 더 알 수
없었다.

일상

2022년 5월 현재 영주의 수입 지출 내역은 다음과 같다.
　기초수급비와 장애수당을 합해 매월 대체로 87만 원의

수입이 생긴다. 이 가운데 일단 한 보루에 2만5000원 하는 수제 담배° 다섯 보루(50갑, 12만5000원)를 사놓는다. 전에는 하루 두 갑을 피웠는데, 이제 한 갑으로 줄이는 중이란다. 고시원 방값 27만 원에 이은 두 번째로 큰 지출 항목이다. 거리나 병원 말고 여인숙이든 쪽방이든 고시원이든 '방'에서 살기 시작한 건 이제 약 30개월차다. 그 다음으로 큰 지출로는 선불폰 충전비 5만 원에 버스 카드 충전비가 있다.

이렇게 고정비용을 빼고 나머지는 상황에 따라 달라진다. 돈 나오는 20일이면 일단 "쏘주"를 곁들여 순댓국을 사먹는데, 2021년 9월 이후 술은 거의 안 마신다. 그간 술 때문에 여러 문제를 일으켜서이기도 하지만 이제는 몸이 이겨 내지 못하는 것 같다.

명의 대여로 생긴 채무는 거액이지만 기억도 나지 않고 기억할 필요도 없어 보였다. 못 갚은 돈 때문에 언제든 잡혀가면 들어가서 "몸으로 때우는" 수밖에 없단다. 계속 쪽지가 날아오더니 요즘은 뜸하다고 했다.

문제는 간헐적인 벌금형 때문에 지출해야 하는 돈이다. 2020년 7월 어느 새벽에도 산책 나간 서울역에서 한 여성 노숙인과 싸움이 붙었고, 폭력 등으로 30만 원 벌금형을 받았다. 나중에 20만 원으로 깎인 벌금을 몸으로

° 잎담배를 기계로 말아서 제작한 후 싸게 파는 담배다.

때우겠다며 계속 미루다가 결국 2022년에야 수급비
나오는 날 10만 원씩 나눠 냈다. 2022년에 있었던 세 건의
절도는 '장애' 덕에 사회봉사 명령으로 처리되었는데,
절차를 제대로 밟지 않아 결국 2023년 초 1개월의 수감
생활로 때웠다. 영주는 출퇴근을 하는 사회봉사 복무보다
"빵살이"가 낫다고 했다.

　　영주의 하루 일정은 2021년 7월 중순을 기점으로
크게 바뀌었다. 그전에는 평일엔 홈리스행동 상근자들이
문을 여는 시간에 맞춰 사무실에 나가, 밤에 상근자들이
퇴근할 때 같이 퇴근하는 경우가 많았다. (홈리스)야학
수업을 여러 개 듣고, 월요일엔 전체 청소를 같이 하고,
주방 담당자의 일도 도와주고, 하루 두 끼의 식사도 대체로
아랫마을에서 해결하면서 본인 말로 아랫마을에 "눌러
있다시피" 했다. 그 일상이 없어지는 주말에는 서울역에서
사람들과 술을 먹기도 하고, 못 채운 잠도 자고, 그러다가
귀찮아지면 남들과의 시간 약속 따위는 쉽게 깨버리곤
했다.

　　그런데 거듭되는 폭력 사건으로 아랫마을 안팎에 여러
문제를 일으키면서, 2021년 7월 사무국은 영주의 야학
활동 중지를 결정했다. 내가 보기에도 아랫마을
공동체와의 관계에 변화가 필요해 보였다. 아랫마을에서
약한 사람들 — 발달장애인, 나이가 어린 사람, 처음 온
사람, 잘 섞이지 못하는 사람들 — 을 억압하거나 밀어내곤
했을 뿐만 아니라 서울역에서 영주가 일으키는 사고들로

노숙인 인권 단체가 서울역 광장 노숙인들에게 신뢰를
잃을 상황에까지 이르렀기 때문이다.

　이 같은 결정을 영주는 아랫마을 출입 금지로
받아들이며 한동안 거리나 서울역에서 아랫마을 사람들만
보면 심한 욕설을 퍼붓고 분노를 드러냈다. 활동가들의
지속적인 대화 노력과 일상 지원, 개별적 만남 등으로
분노는 잦아들었지만 여전히 불안한 심리 상태여서 그
이후 필요한 일로만 아랫마을을 드나들었다.

　그러다가 어느 날부터 영주는 돈과 먹을거리를 미끼로
서울역 노숙인들을 섭외해 유튜브 방송을 하며 후원금을
모으는 목사를 따라다니기 시작했다. 자신에 대한 대우에
따라 때론 목사에게도 쌍욕을 하며 싸우곤 했지만, 돈과
음식으로 영주의 마음은 쉽게 뒤집어져서 어느새 목사의
'서울역 봉사 활동'에 따라다니기도 하고, 경기도에 있는
남성 노숙인 쉼터에서 하는 일요 예배에 참석하기도 했다.

　내가 보기엔 이런 생활이 아랫마을에 붙들려 있다시피
할 때보다 더 자신답게 살고 있는 것 같았다. 영주에겐
수급비 덕에 순환하는 '한 달'을 넘는 계획이나 미래
따위는 없었고, 지금 여기에서 살아남고자 하는 실행 혹은
포기가 있을 뿐 기다림이나 윤리, 규범 따위는 없으니
말이다.

폭력

2021년 3월 어느 날 오전 11시경, 영주는 전화로 다짜고짜 서초역 근처 법원 가는 길을 물었다. 평소와는 달리 다소 심각한 목소리로 폭력 사건의 피의자로 불려 간다고 했다. 서울역에서 지인 몇몇과 술을 먹다가 한 아저씨가 자신에게 할아버지 목을 조르라고 해서 졸랐고, 그 일로 경찰에 가서 조사를 받았으며, 모레 2시에 법원으로 출두하라는 검찰의 전화를 받았다고 했다. 나는 대체 어쩌다가 그런 일에 휘말렸는지 조심스레 잔소리를 늘어놓았는데, 영주는 잘못을 인정하다 말고 통화를 뚝 끊어 버렸다.

　사건 당시 그녀는 자신이 잘못하고 있음을 인식했을까? 잘못을 인정하는 듯한 지금의 말은 진심일까? 일을 벌이기 전에 처벌의 가능성은 전혀 생각하지 못했을까? 재수에 맡기고 노인의 목을 조르는 정도의 폭력은 얼마든지 저지를 수 있는 사람인 걸까? 만일 그렇다면 장애 때문일까 성격 때문일까? 아랫마을 공동체 안팎에서 이런 사고가 반복된다면 공동체는 영주에 대해 어떻게 해야 할까?

　사건은 2020년 12월 말에 발생한 일로 관련자가 넷이나 되어 경찰 조사가 길어졌고, 이제야 피의자 조사를 받으러 가는 것이었다. 영주는 이 일을 내게 세 달 동안 함구하고 있었던 것이다. 사건의 전말에 대해서도 그녀는 이후 여러 날에 걸쳐 드문드문 이야기했다. 거짓말은 하지 않았지만, 사건의 실체를 숨기고 싶어 하는 것 같았다. 5월 16일 인터뷰 중 '금반지 폭력 사건'에 대한 영주의 설명은 대체로 내 질문에 대한 그녀의 답변으로 이루어져 있다. 답변만 정리하면 다음과 같다.

그게 추모제 있던 날 즈음(12월 22일)이었어. 오래돼서 기억이 가물가물해. 초저녁에 광장에서 넷이 술을 묵었어. 다 남자고 나만 여자였지. 육십넷 먹은 남자가 내더러 할아버지 목을 누르라고 시켰어. 시켜서 한 거야, 나는.

할아버지는 팔십넷이래. 몰랐는데 경찰 조사 받으면서 알았어. 시킨 남자는 옛날부터 아는 사람이었고, 할아버지는 그날 처음 본 사람이야. 넷이 술 마시다가 그 아저씨가 할아버지한테 술을 더 사라고 했는데 안 사니까 반지를 뺏자는 말이 나온 거야. 오른손 넷째 손가락에 금반지를 끼고 있었어. 자기가 반지를 뺄 테니까 내더러는 목을 누르고 있으라고 했어. 그래서 시키는 대로 눌렀어. 할아버지가 안 뺏길려고 막 난리를 치니까 아저씨가 강제로 뺏으면서 손가락을 다쳤어. 40대 머스마도 같이 달라들어서 뺏었고.

셋이 종로로 넘어갔어. 종로 어디 횟집에 가서 우리더러는 잠깐 앉아 있으라 그러고 그 옆에 금방에 가서 반지를 판 거야. 종로 거기에 금방이 많잖아. (그

돈으로) 모듬회를 실컷 먹었지, 소주하고. 근데 그
아저씨가 내헌테 만 원밖에 안 줬어. 반지가 그게
닷돈짜리랬거든. 첨부터 차비도 안 줄라고 맘을 묵고
있었던 거야. 종로 가기 전에 내가 차비랑 담뱃값이랑
달라 캤고 준다 캤었거든. 그래서 내가 안 주면 경찰서에
신고해 뿐다 캤더니 만 원을 주더라고. 그 머스마한테는
3만 원을 주고. …… 금반지를 얼마 받았는지는 몰라. 그
만 원으로 나는 택시 타고 왔어.

　근데 그 영감이 신고를 한 거야, 남대문 경찰서에.
남대문 강력계 3팀 형사들이 서울역 파출소에 와서 날
찾은 거야. "삭발하고 술 먹고 싸우는 여자" 하면 쉽게
찾아질 거잖아. 여인숙으로 경찰이 찾아왔어. 남대문
가서 세 시간 반 동안 조사받았어. 내가 또 거짓말을
못하잖아. 그래서 이야기를 다 해뿠어. 광장 롯데마트
거기 계단 있잖아, 거기 앞에서 술을 먹었댔어. 그 사십몇
살 먹은 머스마는 팔 잡고, 내는 시키는 대로 목 조르고.

　경찰 조사 받으러 갔다 와서 활동가한테 얘기를 했어.
막 뭐라 그러더라구. 왜 그런 사람한테 불려 나가 갖고
어울려 술 먹고 사고 치고 그러냐고. 격리° 그거 하라고
모텔비까지 줘서 모텔 들어갔다가 그 아저씨 전화 받고
나갔다가 사고 친 거니까. 활동가들이 내더러 알아서

　　° 당시 홈리스행동 행사 중 코로나19 확진자가 나왔고 영주는
　밀접 접촉자였다.

조사받고 재판 받고 하라고 그러더라구. 그때 서울역에
코로나 걸린 사람이 100명 가까이 나던 때니까 더
야단치지.

거슬러 올라가 생각해 보니 이 사건을 벌인 후 영주는
지방의 정신병원에 자진 입원했다 퇴원하는 일이 있었다.
또 아랫마을에서 나와도 크게 충돌한 적이 있었다. 나와는
첫 충돌이었고 그간의 친밀도로 봤을 때 그 분노는
돌발적이었다. 전말은 이랬다.

4월 초 어느 날 저녁, 여럿이 아랫마을 2층 커다란
책상에 둘러앉아 있었다. 내 옆에 앉아 있던 영주는
휴대전화 속 엄마 사진을 보여 주며 "사람들이 내 눈이
엄마 닮았다고 하더라"라고 말했다. 나는 "엄마는 이렇게
예쁘신데 영주 님은 엄마랑 다르네요"라고 무심코
말실수를 했다. 그때까지 같이 웃고 떠드는 상황이었고, 내
말은 둘만 알아들을 정도의 크기였다. 그런데 영주가
휴대전화를 책상에 내던지며 "날라리 님, 그러는 거
아니에요!"라고 큰 소리를 지르며 자리를 박차고 일어났다.
아래층으로 내려가려다가 돌아와 휴대전화를 챙겨 가며
여러 번 소리를 질렀고, 1층으로 내려가는 중에도, 마당에
나가서도 여러 차례 비슷한 고성을 내질렀다. 나는 영주가
집으로 돌아갔다고 생각했는데 나중에 보니 마당에서
담배를 피우고 있었고, 나를 보자 또 고성을 질렀다. 이후
이틀 정도 내게 쌍욕이 담긴 문자와 흉측한 사진들이

날아왔다.

나로서는 모든 게 당황스러웠지만 어쨌든 내가
말실수를 했다는 생각에 미안했다. 상임 활동가 하나가
당장 대응하지 말라며 자신이 며칠 내로 영주와 이야기를
나눠 보겠다고 했다.

활동가와 만나 이야기한 뒤 "날라리 님, 미안해요"
하며 전화가 왔다. 나도 미안하다고 하면서 그 사건은
그럭저럭 마무리됐다. 다만 그 사건을 계기로 나는
영주와의 거리를 좀 조정해야겠다는 생각이 들었다. 이후
비슷한 분노 폭발이 두 번 더 있었다. 한 번은 돈을 빌려
달라는 부탁을 거절한 이후였고, 또 한 번은 다른 여성
홈리스에 대한 영주의 험담에 대해 내가 지적을 한 후였다.
나로서는 합리적인 거절과 지적이었기 때문에 영주의
분노는 더 이해하기 힘들었고, 여러 차례 대화를 시도하다
포기했다. 분노를 폭발시키고 나면 걸어 놓고 말없이 끊어
버리는 전화가 반복됐고, 갖은 쌍욕과 함께 "할마시 밥길
조씨하라" "씨발년 카루 배창시 후비빼기다" 같은
맞춤법이 엉망인 문자, 그리고 찡그린 표정으로 눈을
부라리며 가운뎃손가락을 눈앞에 치켜세운 영주의 얼굴
사진들이 쏟아졌다.

처음에는 나도 위협감을 느꼈다. 내 원룸 위치를 알려
주지 않은 게 다행이라 여겨질 정도였다. 영주가 등산용
칼을 소지한 채 폭력 사건을 벌여 가중처벌된 사례가
생각나 길거리에서 그녀가 나를 칼로 찌르는 장면까지

떠올렸다. 두 번째 충돌에서도 같은 식의 전화와 문자들이
쏟아지면서 나는 이를 잘 기록해 두기로 했고, 세 번째
충돌 때는 거친 말과 행동들을 담담한 마음으로 기록하게
되었다. 나중에는 그토록 심한 욕설들을 읽는 것만으로도
내 안에 억압된 분노를 쏟아 내는 느낌마저 들었다. 여전히
영주의 분노를 내 머리로는 이해할 수 없었지만
그녀에게도 나름의 이유가 있을 터였다.

　　그러다가 4월 8일, 영주가 또 갑작스레 서울을 떴다.º
오전 8시경 경북 의성의 한 정신병원에 입원했다는 연락이
왔다. 다음날 국선 변호사와의 면담이 예정돼 있었다.
통화에서 영주는 내게 돈을 빌려 달라고 했다. 2020년
11월부터 매달 내게 2만 원씩을 빌렸고 수급비가 나오는
날 꼬박꼬박 갚아 왔지만, 당시는 그 달에 빌린 2만 원을
아직 갚지 않은 상태였다. 거리를 좀 두려던 차여서 나는
조심스레 거절했다. 그러자 영주는 화를 내며 전화를
끊더니 금방 다시 전화를 걸어 하고 싶은 말을 마저 했다.

　　"이젠 니랑 끝이다. 니 번호도 지워뿔끼다. 이젠
아랫마을이랑도 끝이다 끝!"

　　그렇게 한동안 연락이 없다가 영주가 서울로
돌아왔다는 소식이 들려왔다. 병원 사무장과 함께 와서
동자동 여인숙 방을 빼고 짐을 챙겨 갔다는 것이었다.

º　갑자기 지방의 병원에 1~3개월 입원했다가 서울로 돌아오는
일은 나와 만난 삼 년간 열 차례 정도 반복되었다.

아랫마을 사람들 몇몇에게 내 휴대전화 번호를 물었다고도
했다.° 나는 내 번호를 알려 주라 했고, 27일 밤 모르는
번호가 휴대폰에 떴다.

　　"날라리 님, 밥은 먹었어요?"

　　그렇게 갑갑한 병원 생활을 청산하고 서울로 돌아온
영주는 남영동 고시원에 방을 얻고, 또다시 내게 자주
전화를 하며 평소의 관계를 회복해 나갔다.

영주의 범법과 나의 범법

영주는 노숙 3년차였던 1993년, 열여덟 살의 나이에
폭행죄로 벌금형 100만 원을 노역으로 채운 것에서 시작해
절도·폭행·음주 소란·특수 절도·무단 침입 등으로
벌금·노역·징역·집행유예·보호관찰·사회봉사 명령 등의
처벌을 받은 '전과자'이기도 하다. 영주가 말한 범법의
이유는 "돈이 없어서" "오갈 데가 없어서" "배가 고파서"
같은 것들이 대부분이었다.

　　영주는 청주 여자 교도소에 살 때 이야기를 꽤 길게
해주었다.

────────────

° 　영주는 한 달에 두 번 정도 휴대폰 번호를 바꾸곤 했다.

이번(서울역 금반지 폭력 사건)엔 집행유예만 나올 거예요. 그 법은 내가 잘 알아. 교도소에서 언니들한테 법을 좀 배웠어. 2007년에 청주 여자 교도소 드가서 일 년 반 살고 나왔거든. 그때도 안 갈 건데, 집행유예 중에 절도로 걸려서 간 거예요.

교도소는 뭐 깝깝하긴 해도 세끼 밥 주고 잠자리 좋고…… 노숙하는 거보다 편키는 하지. 그래도 깝깝해서 몬 살아요, 하하. 내는 막 내 맘대로 하고 막 돌아다니고 그거 몬 하면 몬 살거든요.

거기서는 오십 넘으면 이모, 그 아래는 언니, 나보다 아래면 동생, 그렇게 불렀어. 내가 서른 중반 때지. 내헌테 잘해 준 이모 하나가 있었는데, 나 나올 때 "영주야, 니 앞으로 사회 나가면 착하게 살고 나쁜 짓 그만하고 살그래이" 그케서 "예, 알았어요, 이모" 그래 약속을 하고 나왔거든. 그 약속을 내가 지켰어. 그 후로는 교도소에는 안 갔어요, 나쁜 짓은 좀 했지만. 하하하.

일수 찍는 그 사채놀이 하다 사기로 들어온 이모도 있고, 히로뽕으로 온 언니도 있고, 한 언니는 살인으로 들어왔다고 들었어. 본인이 아니라 이모랑 언니들한테 들었는데, 어떤 애기하고 엄마한테 약물을 멕였다 카대. 그래서 죽었대, 둘 다. 돈 때문에 그랬대요. 많을 때는 한 방에 열두 명이 살면서 옆으로 칼잠 자고 그랬어요. 젤 나이 많은 할머니가 칠십 한 살인가 두 살인가 그랬어. 사기로 들어왔다더라고.

애기랑 같이 깜빵살이 하는 여자들은 불쌍해 죽겠더라. 애기 엄마가 잡혀 온 건데 백일 좀 지난 애기도 있고 돌 지난 애기도 있고 그랬어. 공동 육아를 하더라고, 깜빵에서. 애기도 엄마도 증말 불쌍한 거가, 애기가 18개월 되면 가족들이 데리고 가거든, 애 엄마는 형을 더 살아야 되니까네. 한 이틀 우는 여자도 있고 7일 넘게 밥도 안 먹고 울기도 하더라. 쉽게 말하면 날라리 님 손자 나이쯤 되는 애기들이야. 걔네들 엄마 떨어질 때 막 울고 그러면 증말 불쌍하더라고. 내가 애기들 귀여워 가지고 볼 때마다 사탕도 주고 그랬거든.

한 이모는 컵라면에 든 면 있잖아요, 그걸 삶아 가지고 비빔국수를 해주더라고, 고추장에 비벼서. 끓인 건 아니고 뜨거운 물에 데친 거야, 면을. 그기 그렇게 맛있더라꼬. 그때 우리 방에 할머니허고 내허고 그 언니허고 셋이 있었거든. 내보다 한 살 적은 동생이, 7월 23일이 내 생일이잖아, 한여름인데 하얀 면티를 하나 선물로 주더라꼬. 키도 크고 호리호리한 동생이었어. 방에서는 그거 입고 번호표 가슴에 붙이고 있게 해주거든. 아래는 더우니까 교도소에서 주는 반바지 입고. 깜빵에서 많이 얻어 입고 얻어먹고 그랬어.

엄마가 한 달에 두 번 5만 원씩 부쳐 줬어. 그때 엄마가 육십몇 살이었거든. 엄마랑 화상 면회도 많이 했어, 아침 9시 반에. 엄마가 넣어 준 영치금으로 먹을 거 사서 이모랑 언니랑 동생들이랑 같이 먹기도 하고.

　다들 나한테 잘해 줬는데 마약범들하고는 맘이 안 맞더라꼬. 서른다섯 살 먹은, 내보다 한 살 많은 마약범이 있었는데 가랑은 많이 싸웠어. 가들은 마약을 못 하니까 막 단 게 땡기고 그러는 거야. 그러니 마약범들 있는 방은 무지 많이 먹더라고.

영주의 감방 생활을 들으면서 내 생각은 젊은 시절 나의 도벽으로 이어졌다. 그녀는 범법으로 인해 여러 차례 형사처벌을 받았다. 나는 영주보다 조금 일찍 도둑질을 시작했고, 그녀에 비해 짧은 기간이지만 아마 그녀보다 더 자주 도둑질에 성공한 것 같다. 당시 법적 처벌을 받지 않은 덕에 나는 이후 범법자의 길을 피할 수 있었을 것이다. 영주는 지금도 가끔 범법 행위를 저지르고 있고, 나는 사회운동을 하다 작가가 되었다.

　영주와 나는 왜 이렇게 달라진 걸까? 어린 시절 가족 자원의 차이에서 시작되어 이어진 문화적·경제적· 사회적 지위와 심리적 상태 등의 차이들이 사는 내내 작동하며, 영주와 나의 차이를 점점 벌어지게 했을 것이다. 영주가 지금 폭력과 범법의 습을 끊는 건 가능할까? 내 경우는 왜 그것이 가능했을까? 나는 도벽과 완벽히 단절했다고 생각하지 않는다. 도둑질의 욕망을 다른 방식으로 추구하며 내 길을 만들어 가고 있을 뿐이다. 사람들이 나를 인정하고 존중하는 것에 맛 들여 '불법과 위험'에서 피신해

'합법적이고 안전한' 영역에 머물며 타인의 생애를 적당히 훔쳐 글을 쓰며 살고 있다. 도벽은 이렇게 그나마 관리하고 살지만, 니코틴 중독은 죽을 때까지 벗어나지 못할 것 같다.

물론 그 사이에는 많은 고통과 결단과 선택이 있었다. 그럼에도 내 글의 시작이 내 속의 어둠과 혼돈인 것만은 명확하다. 아마 완전한 비밀이 보장된다면 나는 물건이든 돈이든, 도둑질이 주는 쾌락의 독毒을 즐길 것이다. 전처럼 벽癖이 되지 않도록 빈도와 정도를 관리할 테지만. 지금도 중독에 해당하는 습관들을 담배와 글쓰기로 대체하다 가끔 온라인 공짜 게임에 쏙 빠지기도 한다. 도둑질에 대해 말하자면, 만에 하나라도 "들킬 위험과 그로 인한 망신과 혼돈"에 말리기 싫어 거리를 두는 것이다.

2023년 7월 말 현재, 영주와 나의 관계는 계속 미궁을 헤매며 좌충우돌하고 있다. 그녀는 지난번 통화에서 내게 또 한 번 욕을 내질렀다. 이후 몇 번의 전화를 나는 받지 않았고, 다시 전화가 오면 어떻게 할까 고민 중이다.

© 이재임

너희에게

딸들에게 보내는 편지

김진희

이 글을 쓴 나 김진희는

1994년, 서울 생활을 시작했다. 1997년에 결혼해 두 아이를 낳고 살다 2006년에 이혼하면서 쉼터 생활을 시작했다. 그 이전까지는 내내 반지하방에서 살았다. 2008년에 쉼터에서 나와 옥탑방 6년, 전셋집 6년을 거쳐 지금은 공공 임대 아파트에 살고 있다.

아빠와 엄마가 함께 살지 못하고 이혼 가정의 아이들로 자란 너희에게 먼저 미안했고 몸 건강하게 잘 자라 주어 고맙다는 말을 하고 싶어. 너희 둘을 낳고 엄마가 된다는 게 머릿속으로 그렸던 모습과 전혀 다르다는 걸 알게 되면서 생명에 대한 책임과 노력에 대해 많이 생각했던 것 같아. 내가 자랄 당시에 이혼 가정은 뭔가 문제가 많고 결핍된(?) 가정이라는 인식이 대부분이었고 그 인식은 고스란히 내게도 전해졌기에 너희들이 그런 인식 속에서 자라게 될 거라는 두려움이 있었어. 그럼에도 내가 행복하고 당당하게 사는 모습을 보여야 너희들도 그렇게 자랄 수 있을 거라는 마음이 있었던 것 같다.

이제부터 엄마가 이혼을 생각하고 집을 나와 지금까지 살아왔던 이야기를 하려 해. 쉼터에서 아이와 함께하는 생활은 혼자 생활하는 것보다 훨씬 더 노력이 필요한 일이었어. 신경 써야 하는 것도, 걱정해야 할 것도 많았어. 하지만 쉼터 생활에서 벗어날 수 있었던 가장 큰 원동력도 너희들이었지. 너희들과 함께 살 수 있을 거라 생각하며 더 열심히 살 수 있었거든.

당시 너희는 너무 어렸기에 솔직한 마음을 말하지

못했을 거야. 이 글을 쓰는 건 지금이라도 너희들 얘기를 듣고 싶은 마음 때문이기도 하고, 그때의 나를 위한 변명을 하고 싶어서이기도 해.

아빠는 날 만나기 전부터 택시 기사를 했고 함께한 십 년 중 절반을 택시 운전을 했어. 하지만 많아도 100만 원 이상의 돈은 번 적이 없었어. 대부분 사납금을 채우고 남는 60만 원으로 살아야 했는데 네 식구가 살기엔 턱없이 부족했지.

그러다 택시를 그만두고 벤처기업에 취직했는데, 몇 달 다니더니 갑자기 빚을 내 자기 사업을 시작했어. 아마 2002년쯤이었던 것 같아. 당시는 IMF 이후 내수 경제를 회복하겠다며 죽은 사람 앞으로도 카드를 만들 수 있다는 우스갯소리가 돌 정도로 카드 발급이 쉬웠던 시기여서 가능한 일이었지. 그러다 2003년인가, 카드 한도가 0원이 되고 카드 돌려막기가 어려워지니까 너희들과 고향에 가 있으라고 하더구나. 심지어는 빚 독촉이 있을 테니 위장 이혼을 해야 할지 모른다는 얘기까지 했어.

회사는 일 년도 버티지 못했지. 빚을 내 시작했던 일이라 불안한 마음이어서 내 명의로는 빚을 내지 말아 달라 했는데도 본인의 빚을 갚지 못해 결국 2005년 가을쯤 난 보증을 서게 됐어. 이건 몇 년 후 법원에서 온 우편물을

보게 된 너희에게도 말해 줬던 거 같네. 당시 원금이
2600만 원이었는데 아직도 다 못 갚았는지 지금도 가끔
법원과 채권자에게 7000만 원의 빚 독촉장이 날아온단다.

　보증까지 서게 된 나는 미래에 대한 불안감이 커졌고
아빠에게 앞으로의 계획을 물어봤지만 대답은 늘
불투명했어. 너희들은 쑥쑥 커가는데 구체적인 계획도
없고 알아서 하겠다는 식으로 건성으로 답하는 것만 듣다
보니 점점 결혼 생활을 지속할 수 없겠다는 생각이 들었어.
같이 살았던 십 년 중 절반은 일을 했고 절반은 일을 못
했는데, 너희들이랑 빚까지 안고 살 수는 없다고 생각했어.

　그해 12월, 아빠에게 내년 2월 말까지 빚을 갚을
방안을 제시하지 않으면 집을 나가겠다고 으름장을 놨어.
물론 기다렸지만 답은 없었지. 일할 의지 없이 로또
프로그램 같은 거나 보고 있는 사람을 지켜보고 있자니
앞으로 살아갈 시간들이 끔찍했어.

　　　　　기억나니? 2006년 3월 1일. 너희들에겐
좀 미안하지만, 그날은 엄마한테도 독립기념일이야. 그
전날 나는 마트에 가서 쇼핑을 하고 냉장고를 가득 채웠어.
한 30만 원 정도를 썼던 것 같아. 물론 카드빚이었지.
먹을거리며 옷가지 양말도 사고, 가장 기억에 남는 건……
아빠 새 신발을 샀어. 낡은 신발이 신경 쓰였거든. 지금

생각하면 아빠가 미워서 나온 것보다는 나와 너희들을 책임질 수 없는 사람과 살지 말아야 한다는 생각이 더 컸던 것 같다.

너희 둘 다 데리고 나오기엔 당장 거처할 곳도 없고 해서 우선 준만 데리고 집을 나왔지. 지금 생각해도 혜한테는 정말 미안해. 혜는 집 근처 어린이집을 같이 졸업한 친구들과 학교를 다니고 있었고, 엄마의 불안한 상황 때문에 학교를 옮기는 것보다는 아빠와 지내는 게 더 나을 것 같았어.

사실 집을 나오겠다는 의지 외엔 아무것도 없었어. 나도 참 대책이 없었지. 수중엔 10만 원도 없었으니까. 그래도 어떻게 되든 다시 집으로 돌아가지 않겠다고 생각했어. 그전에도 아빠와 싸우고 혼자 집을 나왔던 적이 있었는데, 홧김에 뛰쳐나와 노래방에서 한 시간을 보내고 나니 더 이상 갈 곳이 없더라. 엄마는 그때처럼 돌아가지 않으리라 굳게 마음먹었어.

버스를 타고 휴일이어서 비어 있는 사무실로 갔어. 일곱 살 준은 신나게 컴퓨터게임을 하고 나는 거처로 쓸 만한 곳을 검색했지. 아이와 함께 여관에서 지내는 건 좋지 않다 생각했고 그럴 돈도 없어서 며칠은 회사 여성 휴게실에서 잤어. 아침에 어린이집에 데려다 놓고 직원들이 퇴근하면 데려오고 그랬지.

준아, 그 어린이집 혹시 기억나니? 쉼터에 가서도 쭈욱 다녀서 졸업까지 했잖아. 엄마는 어려서 이사를 자주

다녔는데 그렇게 환경이 자주 바뀌었던 게 싫어서 준에게
그 경험을 최소화해 주려고 생각한 게 그나마 집에서
다니던 어린이집을 옮기지 않는 거였어.

준이는 첫 번째 쉼터를 어찌 생각할지
모르겠다. 엄마도 사실 그곳에 들어가게 될 거라고는
생각해 본 적이 없었지만, 노숙까지 생각이 미치니 떠오른
게 쉼터였어. 그때 엄마가 하던 일이 돈 없고 집 없는
사람들을 위해 채무 상담을 해주는 거였거든.
　처음에 엄마는 남녀가 분리돼 있고 가족 단위로 따로
생활할 수 있다는 것만으로도 감사했어. 상담하면서 남성
쉼터를 봤는데 찜질방처럼 한 방에 많은 사람들이 사는
곳이었거든. 그래도 우리가 찾은 곳은 얇은 합판이었지만
가족 단위로 나뉘어 있는 걸 보고 그나마 감사했던 것 같아.
여성 쉼터는 혼자인 이들도 있었지만 대부분 아이를
데리고 나온 사람들이었고, 우리는 2~3인용 방이 없어
5~6인용 방을 열세 살 딸을 데리고 온 □□네랑 함께 쓰게
됐지.
　물론 그곳에서 지낸 일 년 반이 녹록치는 않았어.
교회에서 운영하던 곳이라 아침 예배에 참여해야만 아침
식사를 할 수 있었고, 평일 저녁 예배와 일요일 예배에도
수시로 불려 갔어. 음식은 후원을 받아서 오는데 거의

유통기한이 다 된 것들이고 조리를 할 즈음엔 날짜가 지나
있었지만 사모(목사 부인)는 먹어도 괜찮다며 당당히
말했지. 항상 남은 음식과 섞어 만든 반찬과 국이 나왔는데,
어제 먹은 미역국이 다음날 아침 오뎅국과 섞여 나오고
그랬지. 내가 먹는 건 상관없었지만 아이들에게는 먹이고
싶지 않았고 다른 엄마들도 같은 마음이었어.

　　□□네 아이도, 그리고 준이도 아토피가 심했던 터라
우리는 방을 락스로 닦는 등 위생에 신경을 많이 썼지.
근데 어느 날 그 집 애 이불속에서 알을 깐 바퀴벌레들이
나왔어. 정말 너무 무섭고 끔찍했지. 그전에 준이 도시락을
씻으려고 주방 불을 켰다가 까만 바닥이 후르륵 흩어져
허연 타일 바닥을 보였을 때도 엄청 놀랐는데, 방 안에서
그 장면을 본 건 정말 충격이었어.

　　사모는 시설을 사비로 운영하는 것처럼 말했지만
엄마는 하던 일 때문에 정부로부터 운영비를 받고 있다는
걸 알았어. 그래서 정숙 이모랑 먹거리와 위생에 대해
민원을 넣었지. 정숙 이모 알지? 쉼터에서 만나 지금까지도
친하게 지내고 있잖아. 민원을 접수하고 사흘 있다
구청에서 사람이 나왔어. 불시에 나와 현장을 볼 줄
알았는데 직원에게 미리 알리고 오는 바람에 쉼터를 이미
청소하고 정리한 뒤였지. 그래도 구청 직원이 왔다 간
효과로 주방은 이틀 정도 방역을 했던 기억이 나는구나.

　　구청 직원이 다녀간 후 아침 예배 시간에 목사가
민원을 넣었던 정숙 이모 이름을 부르며 일어나라고 했고

모두가 보는 앞에서 사과를 하라고 했어. 이모가 민원을
넣는 바람에 쉼터 내 가족들이 불편해졌다는 게
이유였지만 본인들이 조사 받고 실사를 받아 심기가
불편하다는 걸 표현하는 것으로밖에는 안 보였어. 그 많은
사람들 앞에서 이모가 일어나 사과하는 모습을 보면서
엄마는 너무너무 속상하고 화가 났어.

목사와 사모는 기어이 정숙 이모를 먼저 내보냈고
나한테도 나가라는 통보를 했어. 정숙 이모는 그때 성공회
교회에서 얼마간 머물다 LH 임대주택에 들어갔고, 나는 두
번째 쉼터로 옮기게 됐지.

두 번째 대한성공회 살림터 기억나니?
가족 단위 쉼터로 합판이 아닌 진짜 벽이어서 그전보다는
훨씬 아늑하고 안정감이 있었어. 게다가 작은 베란다와
창도 있었지. 햇빛이 들고 환기가 가능한 공간이 참 좋았어.
직원 사무실이 같은 공간에 있으니 보호받고 있다는
생각이 들어 좀 더 안전하다는 생각이 들었고, 종교
단체에서 운영하는 곳인데도 어떤 종교적 강요가 없어서
내 생각과 의견을 말하는 데 어려움이 없었어.

여튼 쉼터 생활의 목표는 돈을 모아 너희들과 함께 살
독립된 공간을 마련하는 거였어. 쉼터는 보통 이삼 년 후에
독립하게 되어 있어서 너희 둘과 함께 살 수 있는

모자원°에 갈 생각도 했어. 모자원은 쉼터지만 독립된 공간에서 지낼 수 있는 시설이었고 삼사 년까지도 거주가 가능해서 돈을 더 모을 수 있겠다 생각했거든.

보통은 쉼터에서 아이를 기른다고 했을 때 아이에게 안 좋은 영향을 미칠 거라고 생각하지. 그래서 많은 여성들이 아이를 데리고 나오는 걸 망설이고 데리고 나오더라도 열악한 시설에서 지낼 경우 죄책감을 느끼지. 나 역시 그랬어. 준을 데리고 나오면서 신체적으로 정서적으로 문제가 생기지 않을까 몹시 걱정이었지.

쉼터에서 한 달쯤 생활했을 때 준의 머리를 빗겨 주다 유독 머리숱이 적은 곳을 발견했어. 눈에 보일 만큼 휑했지만 원체 숱이 적다 보니 크게 신경 쓰지 않고 넘어갔어. 그게 원형 탈모라는 걸 안 건 준의 아토피 때문에 병원을 찾았을 때였어. 진료를 받던 중 준의 두피 상태가 생각나 의사에게 물었더니 원형 탈모라는 거야. 집을 나온 것이 원인임을 직감할 수 있었고, 나름대로 최선을 다해 마음을 살폈다고 생각했는데 준은 그렇게 집을 나와 불안한 마음을 몸으로 표현하고 있었던 거지. 얼마 전에 물어봤더니 기억을 못하더라. 근데 그 뻥 뚫린 머릿속의 흔적이 난 계속 마음에 남아 있어. 그때 생각하니 지금도 눈물이 나는구나.

° 13세 미만 자녀가 둘 이상인 모자 가족이 거주한다.

하지만 엄마는 그때 정말 최선을 다했고 집을 나온 선택을 조금도 후회하지 않아. 시간을 돌려도 너희를 위해 뭘 더 할 수 있었는지 모르겠고. 하지만 그런 후회는 없어도 그때 상황이 마음 아픈 건 당연하고 어쩔 수 없는 일인 것 같아.

이혼으로 인한 한부모 가정이나 수급자에 대해 사회가 부정적으로 바라보는 경우가 많고, 성숙하지 못한 아이들은 그런 특징을 놀림감으로 삼는 경우가 있지. 혜와 준 너희 모두 사실 한부모 가정 아이이자 수급자였는데, 아빠와 집에서 지낸 혜가 오히려 자신이 남들과 다른 가정이라는 거에 큰 콤플렉스를 느꼈던 것 같아. 좋은 양육자라고는 할 수 없었던 아빠에게 받은 스트레스로 사춘기를 무척 예민하게 지냈지. 또 주변에 같은 처지의 사람들이 없어서 그 사실을 숨겨야 한다는 스트레스를 받았던 것 같고.

하지만 오히려 준은 한부모 가정, 수급자가 많은 쉼터에서 커서 남들과 다르다는 의문을 갖진 않았고, 학교에서 돌아왔을 때 자신을 돌봐 주는 어른들도 있고 함께 놀 수 있는 친구들도 있어서 크게 외로워하지는 않았던 것 같아.

혜야, 엄마가 그때 집에 뭘 가지러 갔다가 혜 너를 잠시 데리고 나와 친구 집에서 씻기고 같이 밥 먹으면서 엄마와 살면 어떻겠냐고 했던 거 기억나니? 너는 아빠가 불쌍해서 안 된다고 했지. 당시 아빠는 내게 화가 많이 나 있었고 널

못 보게 하려 했지. 기어코 따로 만난다는 걸 알고 너한테
무척 화를 내서 한동안은 널 볼 수 없었지. 세월에 장사
없다더니 나중엔 아빠와 네가 쉼터 근처로 와서 셋이
시간을 보내고 올 때도 있었지만 말야.

　최근 네가 무척 외롭고 슬픈 사춘기를 보냈다는 걸 또
새롭게 알게 되니 참 미안했어. 네 상처를 위로할 순
있어도 없애 줄 수 없다 생각하니 마냥 죄스럽네. 아빠는
다정하다가도 갑자기 큰소리로 화를 내는 사람이었는데 그
화를 멈추게 하거나 너를 위로해 줄 다른 가족이 없었다고,
마음대로 친구들과 놀 수도 없었다고 했지? 너희 아빠는
여자가 6시 이후에 돌아다니는 것조차 싫어했고 직장
다니던 내게도 그걸 강요하던 사람이었으니 참…… 또
공부하라고 스트레스도 많이 줬을 거야.

　네가 고등학생이 되었을 때쯤 막 이사한 빌라에 와서
넌 왜 데리고 가지 않았냐고 했을 때 엄마가 미안하다고
했던 거 기억하니? 그 질문이 너의 힘든 시기에 대한
질문이었을 거라 생각하니 또 미안해진다. 지금 같이 산 지
벌써 육 년이고 여전히 투닥투닥 싸우면서 삐끗삐끗 안
맞을 때도 있지만 내가 널 아끼고 사랑하는 마음은
알아주면 좋겠다.

아빠와 살 때는 계속 반지하에서 월세로 살았어. 너희도 기억하지? 환기도 되지 않고 빛도 거의 들어오지 않아 언제나 습기로 축축하고 어두웠던 거. 그런 환경에서 번져 가는 곰팡이는 정말 끔찍했지. 집을 나와 내가 독립할 공간에 대해 생각하면서 절대 반지하에서는 살지 않겠다고 생각했어. 그리고 지긋지긋한 월세. 버는 돈은 적은데 매월 내야 하는 월세는 너무 크게 느껴졌거든.

2006년 처음 집을 나왔을 때는 모아 놓은 돈도 없이 150만 원 카드빚만 있었어. 다행히 직장을 계속 다니고 있었기 때문에 쉼터에서 4개월 만에 카드빚을 모두 정리할 수 있었고, 그때부터 돈을 모으기 시작했어. 쉼터에서는 주거비와 식비가 들지 않으니 이 년 만에 1100만 원 보증금을 모아 월세 5만 원짜리 옥탑방으로 독립할 수 있었지.

엄마는 옥탑방이 버스 종점에 있어서 출근할 때 늘 앉을 수 있어서 좋았어. 그리고 바로 뒤에 산이 있어 산책하기도 좋았지. 옥상 전부가 우리 공간이어서 여름에 커다란 풀장을 만들어 선선한 바람이 불기 전까진 물놀이를 했고, 텃밭이 있어 늘 신선한 상추 고추 방울토마토를 먹었고, 우리가 너무나 좋아하는 강아지 따구도 키웠지. 혜도 종종 놀러 왔고. 물론 겨울이면 바깥에 있는 세탁기가 얼어 녹을 때까지 기다려야 했고, 가끔 보일러까지 얼어 버리는 집이긴 했지만 엄마한테는 힘들었던 기억보다도 행복했던 기억이 많네.

준아, 네가 6학년 때던가, 아빠와 살아 보고 싶다고 했을 때는 뭔가 툭 하고 끊기는 느낌이었어. 티를 내진 않으려 했는데, 네가 어떻게 느꼈을지는 모르겠다. 혹시 나한테 뭔가 많이 실망스러웠나 걱정도 했던 거 같고. 난 아마 언젠가는 너희 둘과 같이 살게 될 거라 믿고 있어서 나 혼자 살게 될 수도 있다는 걸 생각해 본 적이 없었던 것 같아. 어느덧 슈퍼싱글 침대로도 넉넉했던 잠자리를 퀸사이즈로 바꿔야 할 만큼 너도 컸고, 독립 공간이 필요하겠다는 생각이 들면서 더 좋은 집을 마련해야겠다고 생각하던 차였어.

언니와 아빠가 계속 같이 살자고 했었다는 걸 알고 있었고, 엄마 아닌 가족과 살아 보고 싶다는 준의 마음도 이해가 가서 원하면 언제든지 돌아오라고 하며 보냈지. 그리고 돌아올 때 준의 공간을 만들어 주고 싶어 집을 알아봤어. 그래도 결국 돌아올 거란 믿음이 있었나 봐.

준이가 가고 이듬해 옥탑방 보증금 1100만 원에 900만 원 모은 돈을 더 보태 드디어 전세를 구하게 됐어. 물론 대출을 3000만 원 정도 받긴 했지. 엄마는 결혼 생활 내내 적은 수입의 대부분을 월세로 내며 가난에 허덕였던 경험 때문에 월세 없이 살 수 있게 된 게 너무 좋았어. 12평짜리 오래된 빌라였지만 정착해서 살 수 있는 집다운 첫 집이기도 했고. 1994년에 서울살이를 시작한 후부터 십 년을 쭈욱 열쇠로 열어야 하는 알루미늄 샷시문 안에서 살았는데, 굳건한 철문 달린 집이 생기니 정말 좋더구나.

그전까지는 늘 서울살이가 불안하고 두려웠는데 내게
든든한 보호막이 생긴 것 같더라고.

이듬해 한창 사춘기인 언니가 아빠와 끝없이 싸우는
통에 견디기 힘들다며 준, 네가 돌아왔잖아. 초등학교
마치며 갈 때는 어린이를 보냈는데, 올 때는 청소년이
되었더라구. 엄마는 네가 한창 예민할 시기인 그때 너만의
방을 줄 수 있어서 뿌듯했어.

혜야, 대학에 들어가고 돈을 빌려 달라며
엄마한테 전화했던 거 기억하지? 아빠네 생활비가
부족해서 빌려 달라고 하는데 엄마는 그때 눈에 불이
나더라. 이 인간이 스무 살 먹은 애한테 돈 빌리는 전화를
시킨 것도 모자라 알바비도 챙겨 가고 한국장학재단에서
대출한 생활비도 일부 가져갔다는 소리를 듣는데 정말
화가 났어. 그리고 돈 빌려 달라는 전화를 시킨다고 그대로
한 너한테도.

그래서 아빠 집에서 살면서 계속 그렇게 돈 버는 족족
갖다 바치던가 그러지 않으려면 나한테 오라고 했지.
처음에 네가 엄마와 살겠다고 했을 때 불같이 화를 내던
아빠가 무슨 이유에선지 몇 달 후 허락해 주어 우리 셋이
함께 살게 되었잖아. 집이 여전히 좁았기 때문에 준은 방을
혼자 쓰게 되었고 혜는 나와 같은 방을 쓰게 되었지만

드디어 셋이 같이 살게 되어 무척 안심했던 거 같아.

하지만 갓 입학한 대학생인 혜와 대입 준비 중인 준, 너희 둘은 참 많이도 싸웠지. 언니는 하나라도 더 도움이 되는 정보를 주고 싶어 하는데, 준이는 듣고 싶어 하지 않았어. 또 아무리 엄마여도 십 년간 떨어져 살다가 같은 방을 쓰게 된 나도 혜와 참 많이 싸웠잖아. 밥 먹고 치우는 거, 옷 벗어 방치하는 거 등등 생활 습관이 달라 서로 맞춰 가는 과정은 지금도 계속되고 있는 것 같아.

아파트로 이사 갈 준비를 하며 꿈에 부풀어 있던 때가 생각난다. 옥탑에서 사 년, 빌라에서 육 년을 살면서 하나씩 장만했던 가구들, 처음 쉼터 살 때 길에서 주운 화장대, 중고로 샀던 침대, 냉장고, 가스레인지, 앉은뱅이 식탁, 책상, 컴퓨터, 빌라 이사하면서 맞췄던 장들, 부엌살림들…… 모두 버리고 세탁기랑 에어컨, 옷가지만 옮겼지. 내가 독립한 이후 첫 아파트를 새것들로 채워 보고 싶었거든.

각 방의 사이즈를 재서 장도 맞추고, 가스레인지가 아닌 인덕션도 놓았지. 그리고 옥탑방에서는 밖에 있었고 빌라에서는 욕실에 있어 자리를 차지하던 세탁기는 널찍한 베란다에 놓고 큰맘 먹고 건조기도 샀지. 서울살이 중 한 번도 새것을 써본 적 없는 냉장고도 새것으로 바꾸고 각자 쓸 침대도 샀어.

그중 제일 내 맘에 드는 건 건조기야. 좁은 집에서 공간을 차지하며 옷을 말릴 때뿐 아니라 옷을 걸어 두는 용도로 방치되던 그 스텐 건조대가 너무 싫었거든. 게다가 습한 장마철이 되면 널어 둔 빨래에서 나던 냄새, 너희도 알지?

그거 말고도 많이 버린 만큼 많이 사서 채웠지. 십이 년간 꾸준히 저축을 도왔던 청약 통장이 그때 마지막 쓸모를 다했어. 방이 둘뿐인 17평짜리 아파트라 여전히 성인 셋이 살기엔 넉넉한 공간이 아니지만 우린 잘 지내고 있는 것 같아, 맞지? 준이 언니에게 방을 양보해 준 것도 우리 평화에 한몫했던 것 같은데…… 아마 나랑 언니가 부딪히는 일이 많아서 배려를 해준 거겠지?

우리 집은 공공 임대 아파트라 오십 년간 걱정 없이 살수 있어. 엄마는 죽을 때까지 살 예정이고 내가 죽더라도 자녀에게 승계가 가능하다. 아파트 바로 뒤에 공원이 크게 있고 주위가 산으로 둘러싸여 있어 17층에서 내다보는 전망이 엄마는 참 좋아. 아파트 바로 앞에서 버스를 탈 수 있고 그 버스가 회사까지 바로 가기 때문에 12분이면 통근할 수 있다는 것도 만족스러워. 겨울에 보일러나 수도 문제가 없고 얼마 전엔 세면대 배관이 깨졌는데 관리사무소에 연락했더니 바로 와서 수리를 해주니 얼마나 좋던지…… 엄마는 이제 걱정이 없다.

혜가 자기 방이 없을 때는 학교 수면실에서 자고 오는

일이 많았는데, 이제 준이 자기 방이 없으니 친구 집에서
자고 오는 일이 많은 것 같네. 준도 당연히 자기 공간에
대한 욕구가 있겠지. 하지만 엄마는 이제 둘 다 독립할
시기가 된 거라 생각한다. 더 넓은 공간을 줄 수 있다면야
좋겠지만 성인이 되었으니 알아서 할 몫이라 생각해.
대학까지 보냈으니 이제 엄마도 내 삶에 집중하고 싶구나.

엄마는 2003년, 너희가 여섯 살, 네 살
되던 때 일을 시작했어. 그때 은행들이 연체 고객에게
전화를 하는 사람들을 많이 뽑았는데 아는 사람이 소개해
줬지. 아빠는 원래 여자가 일을 하면 목소리가 커진다면서
내가 일하는 걸 말리던 사람이었는데, 본인 벌이로 생활이
안 되는 걸 알았는지 크게 말리진 않더라.
　　그때 빚이 아빠 이름으로 된 거긴 했지만 가족의
책임이라 생각했고 엄마한텐 무척 무거웠어. 그래서 '신용
불량자 클럽'이라는 인터넷 카페에 가입해서 비슷한
처지의 사람들과 정보를 나누고 마음을 달랬지. 그러면서
우연히 2005년부터 채무 상담일도 하게 됐어. 빚 있는
사람들 중에 벌이가 없고 거처할 집마저 없는 사람들에게
쉼터를 소개해 주기도 했고. 거기 내가 들어가게 될 거라곤
꿈에도 생각 못 했지만 말이야.
　　2006년에 집을 나와 돈을 모을 수 있었던 건 모두

직장 생활 덕분이었다고 생각해. 사무실 사람들이
어린이집 등하교 시간이나 학교 배식, 녹색어머니회 행사
같은 게 있을 때마다 많이 배려해 줘서 아직도 감사한
마음을 갖고 있어. 쉼터를 찾은 엄마들을 보면, 가정 폭력을
피해 나온 경우가 많았는데, 대부분 아이를 키우느라 전업
주부로 지내던 사람들이라 쉼터에서 처음 직장을 구하는
경우가 많았어. 거기서도 돈은 필요했거든. 대개 나처럼
땡전 한 푼 없이 나와서 직장을 구할 때까지 어려운 생활을
했지. 한 엄마는 중학생 아이 둘을 데리고 왔는데, 당장
등교해야 하는 애들 교복이 없어 쩔쩔매길래 내가 돈을
꿔준 적도 있어. 쉼터 엄마들은 주로 어린이집 조리사, 가사
관리사, 마트 캐셔, 쉼터 농장일 같은 것들을 했지만 대개
벌이가 시원찮은 단기 계약직들이어서 정말 알뜰하게
생활했어.

옥탑방으로 독립했을 때 엄마는 일자리를 잃었어.
4개월간 실업 급여를 받으며 직업교육을 받았지. 내가
다른 곳에 취업해서도 도움이 될 만한 교육을 받고 싶어서
컴퓨터 활용 교육을 신청하고 4개월 동안 홈페이지 제작,
포토샵, 일러스트, 엠에스 워드, 엑셀, 한글 같은 걸 배웠어.
배우는 학생 중에 내가 제일 나이가 많아서 관련 업무로
취업을 하는 것보다는 관심 있었던 사회복지 쪽을
알아봤지만 쉽지는 않았지.

그러다 한 교육센터에 취업을 하게 됐지. 장애인
활동보조인(현 장애인활동지원사)을 교육하는 곳이었는데,

출산을 앞둔 사람의 대체 인력으로 들어간 자리라 기한이
정해져 있었어. 더 연장해서 함께 일하자는 제안이
있었지만 그때 준이가 너무 저학년이었고, 출퇴근이 오래
걸리는 게 맘이 쓰여 거절했어. 직장과 집이 같은 지역이면
좋겠다는 생각을 할 수밖에 없었지.

2009년부터 지역 자활센터에서 하게 된 일이
지금까지도 하고 있는 이 일이야. 요양보호사 여성들과
저소득층 주민을 연결해 주고 관리하는 일이지.

사회복지사 자격증을 따고 센터장이 된 지도 벌써 십
년이 지났네. 내가 처음 여기 와서 만난 요양보호사
선생님들은 대부분 50대 초중반이었는데, 지금은 60대가
가장 많아. 한때는 같이 일하는 요양보호사가 40명까지
됐지만 지금은 20명 정도로 점점 줄어들고 있어. 십수
년이 지나니 모두 본인들이 서비스를 받아야 할 나이가
되었거든. 많은 분들이 나이 들어 가면서 그만두기
시작하니까 이 자리가 이분들의 마지막 일자리라는 생각이
들어서 더 잘 마무리해야겠다고 마음먹고 있어.○

엄마에게 일은 다사다난한 삶에서 버팀목이었어. 힘들
때도 물론 많았지만 일을 하면서 스스로가 쓸모 있는
사람임을 되새길 수 있었고, 돌봄이라는 의미 있는 일을
한다는 자부심도 생겼어. 또 회사를 다니며 규칙적으로

○   요양보호사의 임금은 최저임금 수준에 머무르고 있어 젊은
층의 유입이 거의 없는 상황이다.

생활하고 사람을 만나는 것도 일상의 활력을 유지하는 데 도움이 되는 것 같아.

예전에 같이 쉼터에 있던 언니가 자활 참여자로 일하게 됐을 때 했던 말이 기억나네. 언니는 아침에 눈을 떴을 때 무기력하게 있지 않아도 되는 게 좋다고 했어. 또 해야 할 일이 있다는 게, 나를 필요로 하는 곳이 있다는 게 살아갈 힘을 준다고. 많은 여성들이 자기 능력을 과소평가하며 취업할 엄두를 내지 못하는데, 엄마는 좀 더 자신감을 가져 보라고 하고 싶어.

집을 나온 후부터 되돌아보니 정말 많은 것이 변했구나. 엄마는 30대 중반에서 이제 50대가 되었고, 집 없이 쉼터를 떠돌다가 오십 년을 살 수 있는 아파트 주민이 되었으니 말이야. 아홉 살, 일곱 살이었던 너희도 이제 모두 20대 성인이 되어 자기 삶을 살고 있으니⋯⋯.

아파트에 들어가게 된 직후에 혜가 나한테 "엄마는 참 차곡차곡 살아온 것 같아" 이런 말을 해줬던 게 기억나네. 엄마는 그게 그나마 내 인생에서 다행으로 건강하고 직장이 있었기에 가능한 일이었다고 생각해.

혜야, 준아.

사람 인人자가 사람은 홀로 살 수 없어서 생긴 단어래.

난 그래서 사람은 서로서로 기대어 살 수 있으면 참 좋겠다고 생각해. 엄마가 이십 년 가까이 했던 일들 대부분이 빚 때문에 절망한 사람들에게 빚을 정리하는 방법을 알려 주는 일이나 가난해서, 나이가 들어서, 또 여성이라는 이유로 좋지 않은 일자리를 선택할 수밖에 없었던 사람들에게 나은 일자리를 소개해 주는 일이었지. 난 그 모든 게 사람으로 살기 위한 한걸음이었다고 생각해.

너희들도 될 수 있으면 남을 돕고 사는 인생을 살았으면 좋겠다. 직업에 귀천이 없다고 하는 말이 구시대의 말이 되었다지만 금액의 차이가 귀천이 되는 세상은 너무 촌스럽잖아? 어떤 일을 하든 먼저 당당한 여성이 되었으면 하고 그리고 남을 배려하고 존중하길 바란다.

2010년 여름, 옥탑방에 만든 수영장에서 작은딸과 친구들 ⓒ 김진희

"아저씨는 너무나 깨끗해요"

돌보는 길순자 이야기

홍혜은

이 글의 주인공 길순자는
1951년생 전북 익산에서 나고 자랐다. 일거리와 남자를 따라
당진 인천 성남 대전을 거쳤다. 같이 살던 남자가 노름빚을 졌을
때 누군가 '돈 없어도 사는 곳'이 있다고 알려 줘 서울 양동
쪽방촌으로 오게 됐다. 처음엔 "잠깐 살다 가겠다"는
생각이었지만 어느덧 서른여섯 해가 흘러 일흔한 살이 됐다.
2021년 8월부터 10월까지 만나 이야기를 들었다.

만남

길순자를 거리에서 만나도 그녀가 홈리스라는 것을 알아볼
사람은 없다. 그녀는 반백의 긴 머리를 참빗으로 정갈하게
빗어 넘겨 머리끈으로 묶고 다닌다. 옷매무새도 흐트러짐이
없다. 손가방을 야무지게 쥐고 천천히 걷는다.

　　나는 양동 쪽방촌 근처의 한 카페에서 그녀를 처음
만났다. 조용한 곳을 찾느라 3층 구석진 자리를 찜해
두었는데, 계단이 가팔랐다. 1층에서 만나 같이
올라가는데, 내가 서른셋의 무릎으로 계단을 슥슥 오르면
길순자는 일흔하나의 무릎을 붙잡고 세 배쯤 느린 속도로
따라왔다. 카페에는 양복을 입은 젊은 회사원들이
가득했다.

　　"여자들은 자기 얘길 꺼리지."

　　여성 홈리스를 찾기 어려웠다는 내 말을 듣자마자
길순자는 이렇게 말했다. 길순자 이전에 만난 내 또래 여성
홈리스도 밖에서 지나치면 홈리스임을 알아보기
어려웠다. 몇 번의 만남 후 그녀는 인터뷰를 철회하고
연락을 끊었다. 나 역시 집이 없어 고시원과 친구 집을
전전하고, 일하던 가게에서 음식을 몰래 먹다 걸리던

시절에도 화장은 하고 다녔다. 그때는 평범한 20대로
보이는 것이 지상 목표였고, 학교 친구들도
아르바이트하던 곳의 사람들도 나의 사정을 가늠하지
못했다.

　길순자는 스물서넛쯤 고향을 떠나 반백 년 가까이
서울에서 살았지만 여전히 전라도 억양이 강했다.
길순자의 입말에는 특유의 버릇이 있었다. 예를 들면 "쉽게
말하자면" "그래갖고" "인자" "응, 그거지 그거여" "그게
그릏게 된 거지" 같은 말을 많이 썼고, 나이 탓에 성대와
구강 근육이 다소 느슨해진 듯한 발성과 발음을 했다.
그러나 사람이나 장소의 이름, 금액, 횟수, 시기 등을
가능한 상세하고 정확하게 말하려 애쓰는 편이었다.

　길순자는 이야기꾼이었다. 남의 말을 전달할 때면
대사처럼 만들어 배우라도 된 듯이 생생하게 재현하곤
했다. 혹여나 수확물을 놓칠까 갯벌 바닥을 갈퀴로
긁어내듯이 말을 다듬을 시간을 벌기 위해 채움말을
넣으며 앞뒤로 강조하고 싶은 말을 한 번씩 더 반복해
가면서 말했다. 처음에 흐릿하게 해준 이야기도 여러 번
만나 조금 더 가까워지면 훨씬 해상도를 높여 촘촘히 채워
주었다.

　요새는 서울 말씨를 쓰는 젊은 사람들을 인터뷰해
녹취를 풀어 주는 앱에 넣으면 별로 고칠 곳 없는 문장이
되어 나온다. 그러나 그녀의 말은 인공지능이 잘 알아듣지
못했다. 나는 그 입말을 가능한 한 그대로 전달하고

싶었다. 사투리를 쓰는 무학의 70대 여성 홈리스의 평생을 대학원을 다니는 30대 연구활동가가 더듬어 본 현장의 느낌을 전하고 싶었다.

　　길순자의 구술에는, 기초생활수급제도에 등록된 빈곤계층이자 비서울에서 오래 살아온 나의 암묵지를 적용하면 쉽게 이해가 가지만, 그렇지 않은 독자도 더 잘 이해할 수 있도록, 자료를 찾고 설명을 더 채워 넣어야 하는 내용도 있었다. 물론 이 작업 역시 내가 자료를 찾고 설명할 수 있는 범위 안에서 이루어질 수밖에 없었고, 길순자가 실제로 경험하고 목격한 것을 모두 담아낼 수는 없었다.○

○　전라도 출신 노년 여성 홈리스의 '사투리' 억양이 익숙하고, 노년 여성과 접점이 많아 특유의 말투를 잘 알아들으며, 길순자와 비슷한 상황에 놓여 그녀의 말을 쉽게 잘 이해할 수 있는 사람들은 내가 너무 매끄럽게 다듬어 버린 이 글이 마음에 들지 않을 수 있다. 일단은 고민이 있었다는 정도만 정리해 둔다. 표준어는 '교양 있는 사람이 두루 쓰는 현대 서울말'이고, 그 안에는 이미 일부 집단을 중심으로 '교양'의 정의가 전제되어 있다. 따라서 '교양 있는 사람'들에게 잘 맞도록 소수자의 언어와 경험이 다듬어지는 것에 대한 찝찝한 느낌을 풀어 말할 수 있게 도움 받은 글을 소개하고 싶다. 영어가 모국어인 토박이 백인들이 자꾸만 '알아듣지 못한다'고 하는 멕시칸 이민자 어머니의 말을 알아듣는 이민자 2세대 글로리아 안잘두아의 글 「고집 센 혀를 길들이는 법」이다. 그녀는 커서 페미니스트 작가가 된 다음 스페인어와 영어를 뒤섞고 강한 악센트를 사용하는 이민자 집단 '치카노'의 입말을 단행본에 그대로 적어 버렸다. 충청도에서 자꾸만 튀어 버리는 경상도 출신 중졸 어머니의 '사투리' 억양, '교양' 없는 말을 오래 부끄러워하던

이어지는 글은 길순자가 내게 들려준 이야기다.

쪽방

나는 그냥 '대전 아줌마'라고 써. 아니면, 길순자. 말하자면 길게 살아왔다. 열심히 살아온 것밖에 없다. 대전에서 돌이 된 애기를 막 낳아 가지고 신당동에 왔는디, 아저씨(혼인신고를 하지 않은 당시 아이 아빠)가 사기를 당해서 맨몸으로 여기를 왔지. 여기는 방세 많이 안 주고 조금씩 줘두 산대는 거여. 없이두 산다고. 일 년만 있다가 다른 디로 옮겨야지, 하고 와서 살었어요. 중간에 잠깐 용산 혜심원ᵒ 근처 주택에서 살기두 혔어. 그러고 동자동 오 년 살다가, 도로 여기 왔지.

동자동 때 차상위(차상위계층)였는디, 애가 중학교두 들어가고 허니까는 복지과에서 시골로 가래야. 나중에

나는 그 글을 통해 수치심과 화해했다. 영어를 매끄럽게 읽고, 영어 모어 화자들의 문화 안에서만 자란 사람의 눈에 그 글은 온통 걸려 넘어질 데 투성이다. 치과 진료용 의자에 누워 진료 도구에 혓바닥이 짓눌리고 있는 경험으로 시작하는 글의 첫 문장은 다음과 같이 시작된다. "우리는 당신의 혀를 길들이려 합니다"We're going to have to control your tongue. Gloria Anzaldua(1987), "How to Tame a Wild Tongue," *In Borderlands La Frontera: The New Mestiza*, pp. 53-64, San Francisco: Aunt Lute Books.

ᵒ 　용산구 후암동의 아동 보호시설.

애가 고등학교 졸업하면 일을 허니까 인제 여기 살기는
아무 혜택이 없다 이거지.° 시골에는 못 갑니다, 그래서 애
졸업하기 전에 나는 벌써 양동 쪽방촌으로 옮겼지.
그동안에 양동이 두 번 정도 재개발됐나. 여기서 이사 안
하고 한 자리에 살은 지는 한 20년? 25년?

　　여기 와서 살다 보니까는, 아픈 사람들, 깔딱깔딱허는
사람들 다 내다 버렸어요. 몇 번을 봤지. 근디 순경이 와서
물어보면 다 몰른다 그래. 그렇께, 여기가 좀 고달픈
동네지. 서울서 제일로 낙후된 동네. 방 놓고 아가씨
장사하는 집이 한 댓 집 있었고, 그거지 뭐.

돈

이 동네(양동) 막 올라왔을 땐 빈손으로 아무것두 없었어.
애두 깟난이였고 식당 같은 디 다니려고 시장 가서 막
헤매두 일이 없는 거예요. 방세는 달라 그러지, 먹을 거는

°　차상위계층이란 가구의 소득 인정액이 중위소득 50퍼센트
이하지만 부양가족이나 재산이 있어 기초생활수급을 받을 수 없는
복지 수급 계층을 말한다. 2022년 생계급여에 대한 부양의무제가
폐지되기 전까지 수급자 가구는 자녀가 일을 시작하기 전에 세대를
분리하는 일이 많았다. 현재는 의료 급여에만 부양의무제가
적용된다. 길순자는 차상위계층과 기초생활수급자를 계속 왔다
갔다 하며 살았다.

없지 맨날 그렇게 고생하다가 동네 바로 맞은편에 (직업)
소개소가 있었어요. 월세가 7만 원쯤 하던 때 가입하는 디
3만 원 달라고 하는. 거기를 죽어라고 다녔지. 식당 자리
잡고 월급이 40만 원, 그르다가 나중에 45만 원. 내 딴에는
열심히 일했지.

　식당을 다니다가 아파 갖고 그만뒀어요. 다시 일을
가려고 혔는디, 아저씨가 아사증(안면 마비)이 온 거여.
그거를 어떡해. 누가 그러더라고, (포주에게) 돈을 100만 원
당겨 가지고 서울역 나가서 손님 모시라고.° 내가 처음
이사 와서 식당에 일 갔다가 올 때 누가, 아줌마는 그냥
집에서 작업하세요, 그래서 무슨 소리냐 그랬어요. 보니까
여기 사람들은 그간 손님 안 모신 사람이 없더라고. 아가씨
붙여 주고 방을 넣어 주면 와리(수수료) 먹는 거고. 그래서
서울역 나가서 손님을 모셨죠.

　우리 애가 니 살 때부터 교회를 다녔어요. 걔가 한 이
년인가 다니다가 내가 다니게 됐지. 애가 같이 가자고
그랬그든. 그래서 적은애를 임신해 갖고 다녔어. 교회를
다니니까 손님 모시는 게 나한테는 부담이 되는 거여.
그래갖고 나는 가급적이면 손님을 덜 모시고, 동네
구멍가게가 있었어요. 거기 밤 11시쯤 나가서 아침까지 봐.

그러면 5만 원 주고. 일이 끝나면 포장마차에서 또 일을
해줘. 그러면 거기서 15만 원 줘. 포장마차 일은 하루 쉬고
하루 하고 허니까 한 달에 보름이지. 나중엔 집에서
김치까지 담어다 주고 허니까 20만 원 주고.°

　　나중에 애기가 둘 있으니까 조건부가 돼서 공공근로를
하는디°° 원래 저녁에 밤 11시에 나가갖고 가게 봐주다가
아침에 들어올 때 포장마차에서 마무리해 줘. 인제 또
9시에 사무실(공공근로) 나가야지. 집에서 밥 해주고
9시까지 나가야 돼서 바로 또 나가. 그럼 밤에 와서 또
11시에 나가. 그릏게 지냈어요. (공공근로) 일당은 조건부
사람이 2만2000원, 일반 사람들은 2만 원인가 혔을
거예요.°°° 일을 안 빠지면 하루치를 더 줘.°°°°

°　길순자는 당시 밤 11시부터 구멍가게에서 일한 후 포장마차가
닫을 무렵 그리로 출근해 마감을 돕는 일을 했다. 쪽방촌
구멍가게는 언제든 물건을 살 수 있도록 대부분의 시간 동안 열려
있다. 두 곳의 월급은 각각 5만 원, 15만 원이었다. 포장마차에서는
반찬으로 쓰는 김치를 길순자가 담아 주면서 5만 원이 올라 20만
원을 받게 되었다.

°°　제도상 18~65세는 근로 능력이 있는 것으로 간주되는
경제활동인구로 복지 혜택 대상이 아니다. 불가피하게 복지 혜택을
제공할 경우에는 의무적으로 자활 프로그램의 일환인 공공근로를
하도록 한다. 길순자는 아이가 둘 있어 소득 대비 가구원수가
많기에 예외적으로 기초생활보장제도의 조건부 수급자로 혜택을
받았고, 그래서 자활 프로그램에 참여해야 했다.

°°°　공공근로 사업에는 조건부 수급자 외에도 저소득자와
실직자 등 다양한 대상을 선발한다. 여기서 '일반 사람'은 수급자

그래서 한 번도 안 빠지면, 점심값 빼고 일당 1만9000원이
더 붙고, 한 번 빠지면 이틀치 돈이 빠진다고.

　끝나고 다른 사람들은 나가서 술집에서 술 한잔 먹고,
다 빠지면 나 혼자 청소를 다 혔어. 여기 쌍굴다리○
있는디, 거기서 외환은행 쪽으로 굴다리를 돌아가지고
안기부 자리로 해갖고 싹 돌고 그래. 담당 구역두 아닌디.
그 당시 우리 반장님이 박카스 두 박스를 들고 (나눠주려고)
돌고 다녔어요, 오토바이로. 내가 그렇게 일하는 거를 보고
토요일을 쉬게 해줬어요. 그래서 토요일날 교회
봉사팀으로 들어갔지. 뭐 월급두 읎어, 그냥 봉사여 봉사.
토요일날 일요일날은 일을 안 나가니까는 교회 봉사를 안
빠지게 됐어요.

한번은 자활에서 분리수거를 혔는디, 잠바 얇은 거를 작업복
하느라고 하나 주워 왔는디, 거기 반장이 도독년이라고
그래. 그때 전에 누가 냄비 세트 새거를 가져갔나 봐. 나는
분리수거한 거를 집어 왔는디. 그러니까 그거를 보고 그냥
도독년이라고 혔나 봐. 내가 막 싸웠지. 내가 주방에 가서
저분(젓가락)을 집어 갔냐, 수저를 집어 갔냐. 도독년이

외의 대상을 말한다.
○○○○　주휴 수당을 말한다.
　○　현재 갈월동 숙명여대 앞 진입로 쪽의 굴다리다.

뭐냐고, 아, 굉장히 싸웠지.

그른디 같이 일하는, 나이 많은 노인네를 모시는
아들이 있어. 12시에 빨리 일을 치우고 집에 가야 하는디,
반장이 퇴근 5시까지 정식으로 다 일하라고 허니까.
그르니까 어떡해. 내가 반장헌티 또 커피를 사갖고 가서
사과를 혔어. 내 잘못이라고 미안하다고 그랬더니 안 받어
주고 가서 일이나 허래.

그려서 저녁에 술을 갖다가 못 먹는 술을 막 흠뻑 뿌려
놓고는 막 술병을 들고 쫓아가 가지고, 야, 이 개새끼야,
니가 잘못혔지 내가 잘못혔냐? 내가 잘못을 혔어두
아랫사람이 네, 잘못혔습니다, 굽신 대믄서 미안하다고
하면 바로 받어 줘야 윗사람 도리지, 니가 뭘 잘났다고,
낮에두 밤에두 지랄지랄을 해줬지.

저 쌍굴다리 숙대 있고 거기 초소가 있는디, 거기 우리
반장님이 내가 가면은 커피를 줬어. 그만큼 청소를 잘했다는
거고, 외환은행 계시는 경비 보는 아저씨 맨날 음료수
사주지, 저기 통닭집에서 나를 모범상 타게 해준다고 한
적두 있는디 나는 뭐 그런 거 바라는 것두 아니고 돈 받고
정당하게 일해 주는 것뿐이요, 그랬지.

나중에는 사과를 하는 게 지두 챙피허지, 동네 사람들,
교통계, 다른 반장두 봤응께 막 도망가 버려.

나는 돈을 벌어두 그게 다 밑으로 새나가 버려. 그르니까 여태 고생하고 사는 거고. 그리고 또 마음이 약해. 그냥 지랄할 때는 막 하다가두. 내가 또 노인네들한테 잘해. 우리 어므니 생각해 가지고.

둘째 딸

애기 때, 우리 언니 니 살이구 나는 깟난이인디, 언니가 혼욕(홍역)하구 다 죽어 강께. 옛날에는 혼욕허구 마마(천연두)허면 거진 죽었잖어요. 물집 생겨서 옴폭옴폭 살 패는 거. 병원 다니다 안되니까는 누가 굿 한번 해보라구 그래. 긍께 무당이 와서 그래. 굿을 허면 큰애는 털털 털구 일어나지만 작은애는 치여서 죽습니다, 그래. 엄마가 (나는) 죽으라구, 죽어두 괜찮다구, 굿을 해달라구 그래갖고 언니는 털털 털구 뛰어다니구, 나는 물 한 모금 젖 한 모금 못 마시구 삼사 일 있다가 웃목에다 죽었다구 밀어 놨대.

누가 또 저 솜리(현 익산 이리) 가면은 문딩이가 한의원 하는 디 혹시 한번 가보라구. 엄마가 안구 갔더니 원장이 하는 소리가, 당장에 나가라구. 죽은 애기 안구 우리 병원에 오면은 어떡하느냐. 그 애기가 우리 집 와서 죽었다구 소문나면 우리는 장사를 못 허니까 당장 나가라구.

누가 여기가 용하다구 한번 가서 맥이라두 짚어

보라구 해서 죽었다는 애기 안구 왔습니다, 그렁께
맥이라두 짚어 주세요, 엄마가 그래가지구 맥을
짚으니까는, 안 죽었대. 원장이 지금 가루약 털어 넣구, 또
저녁에 가루약 털어 넣구, 자정에 시계 종이 세 번 울릴 때
애기는 재채기 세 번 하구 일어날 겁니다, 그런 거여.
그려서 엄마는 인제 집에 와서 딸을 안구 꿈뻑꿈뻑 조는디,
시계불알이 왔다 갔다 땡-땡- 땡- 치니까 애기가 재채기를
막 연거푸 세 번 하더니 새근새근 자더라 이거여. 그려서
나를 살렸대.

우리 할머니는 말 타구 가마 타구 시집 장가가는, 있는
집에서 커가지구 뭘 안 해먹구 손에다 물 안 묻히구 사는
양반이라구. 우리 집이 큰집인디 둘째 딸 낳았다구 우리
할머니는 집에두 안 들어오구 작은집으로 가구 그랬어.
할머니가 큰애는 살리구 나는 죽어두 된다 그랬었어.
　　할머니가 양자를 들일라구 그랬는디 작은어므니가
할머니한테, 딸 낳았다구 양자를 들일 건 아니라구,
어지간히 붙잡구 얘기를 헌께, 우리 할머니가 집에 와서
엄마한테, 어디 가서 서방질해서 아들 하나 낳아 오라구,
며느리 보구 그런 소리 했는디 나 살리구 내 밑에 낳은 게
아들이니까 손뼉을 치구 군수 났다구 그러구 돌아다니구.

내가 기억나는 게 아니구, 들었어요. 우리 엄마 교통사고
나가지구 대한병원에 입원했을 때, 그때 엄마가 병실에서 이
야기를 해서 내가 아는 거지. 그때 엄마가, 내가 왜 너를
잘못두 없는디 때렸는지 몰른다. 나를 때리면은 뒷집 사돈이
그러더래. 걔 때리지 말라구 걔가 잘못 안 했는디 왜 걔만
그거를 가지구 때리구 야단을 치냐구, 두구 보라구, 나중에
걔 말구 누구 덕 보냐구 그르드래잖어.

초등학교 다니는디, 우리 엄마가 나를 자꾸 때려. 이릏케
못살겠다 해서 내가 남우집살이(남의집살이)를 가버렸어.
처음에 한 달에 700원 받다가 거기 그만두구 (다른 집으로
가서) 5000원 받구,° 열여섯 살까지 일혔지. 나중에 내가
저(남동생) 고등학교 다닐 때두 돈 읎어서 못 보내는 거 내가
5만 원 쥐어 보내 줘 갖고, 그걸로 지가 고등학교 졸업하구
뭐하구 혔지. 지가 어떻게 고등학교 나온지 알았냐구.
　근디 그때 우리 아버지가 굶어두 같이 굶구 먹어두
같이 먹어야지 왜 애를 남우 집에 보내냐 그러믄서 우리
엄마 허벅지를 물어뜯었대. 그러구 살었지.

°　길순자가 열다섯 살일 무렵인 1965년 당시 짜장면 한 그릇
값은 35원이었다.

엄마 아플 때 모셔다가 한 일 년 오줌똥 다 받어 줬지. 그때
어므니가 교통사고 나가지구 계단이 있는디 저 끝에까지
가면은 기대구 있어야 디여. 못 걸어, 더 이상은. 팔두 이렇게
조각조각 다 망가져 가지구. 익산 원광대병원서 못 고친다구
그랬어. 연세두 많구. 이거 수술하다가 돌아가시면은
뭣허다구. 대한병원에 있었는디, 나중에 우리 이종 오빠가
와서 쌍문동에 있는 한일병원을 가라구 그랬는디, 그거를
찾지 못해서 내가 못 갔지. 지금 같으면 핸드폰이라두 해서
찾는 건디, 그때 당시에는 뭘 몰라서 못 갔지.

엄마 시골 기실 때 우리 여동생은 일 년에 한 번 가서
5만 원, 10만 원 주지, 우리 올케는 엄마 생신, 추석, 구정 때
가서 5만 원 주지. 그래서 어므니한테 그랬지. 엄마, 서울로
갑시다, 어므니 여기 혼자 이러구 계시면 동네분들이
자식들 욕허니까, 우리 죽이 되든 밥이 되든 그냥 우리 집
가서 먹는 거 같이 먹구 그릏게 지냅시다, 혔지.

남자

신랑은 충남 사람. 우리 외사촌 오빠가 소개해 줘서 만났지.
오빠 군대 친구가 나를 찾아온 거여. 우리 오빠가 일러줘서
하두 왔다 갔다 허니까 그릏게 된 거지. 결혼 안 한다구
그래두 자꾸 찾아온다구 허니까 어떡해? 탈영할까 봐 어쩔
수 없이 쪽두리 쓰구 옛날식 결혼을 했어요.

결혼하구 당진 가서 살았어. 아, 사연두 많아.
시집살이를 엄청 많이 했어. 팔자가 그래. 이 집 아버지가
재혼을 했어. 새 시어므니잖어. 거기는 4시만 되면
일어나야 디야. 소여물두 삶아야 되구. 딸내미를 낳았는디
한 달인가 백일 지났나? 이불 빨랠 하는디, 저어어
밑에까지 걸어가서 막 이만큼 되는 손빨래를. 나중에는 막
애 업구 농사지으믄서.

애를 낳았는디 (직후에) 시어므니가 신랑이 자기한테
어므니라구 안 했다구 내가 어므니라구 부르지 말라구
했다구 날 빗자루로 때리구 막 그래서 내가 교회로 숨었어.
그 아무것두 없이 애만 걸머지구 기저귀두 한 다발을 안
사다 줬어. 저, 이불 광목 그거 찢어 가지구 그걸로 기저귀
만들어서 썼어. 나는 그래두 어므니, 어므니 했어. 어므니가
바지락 주우러 갯벌에 가면은, 좀 늦게 오면은 우리
어므니는 왜 안 오시냐구, 어디 가셨느냐구 그랬어. 내가
으른한테 잘혔지, 노인네들한테.

그르다가 인제 안되겠다 해가지구 제물포로 가서 조금
살았어. 배 타구 신랑하구 그냥 우리 작은집이 인천에
살으니깐, 무작정 왔어. 작은어므니가 깡시장(인천 부평 소재
시장)에서 일을 하셨어. 수제비를 많이 해먹었지. 작은 집두

어려우니까. 그르다가 작은집이 그 제물포 언덕바지 아파트 짓는 디 근처 판잣집, 그거를 줘서 거기 이삼 년 넘게 살다가 판교로 이사했어. 왜냐하믄 저 제물포 아파트 짓는다구 경비가, 한성° 조립식 허는 디 거기 가면은 일두 있구 집두 있다구.

아파트가 조립식 찍어 내는 아파트, 딱딱 갖다 붙이기만 하면 아파트가 금방 지어지거든. 지금은 그런 거 없지만. 그리로 살러 갔다니까요. 거기서 남편이랑 나랑 깔쿠리 돌리구 그랬지. 아파트를 지으면은 철근을 엮잖어, 이릏게. (손동작을 보여 주며) 네 벽을 이릏게 막 세우구 옆으로 이릏게 하면 그거를 이어 주는 거. 반새이(반생이, 철사 종류 중 하나)를 이릏게 구부려 갖고 그 안에다가 구멍 넣구 이쪽하구 이릏게 연결해서 이릏게 감아 주는 거여.

남편은 나쁘다면 나쁘구 좋다면 좋구. 원래는 제물포 오기 전에 농 공장을 했어. 버선장, 애기장하면은 나무 깎아서 조각해 가지구 딱 만들면 그냥 나가는 거. 백골로 나간다구 그러지, 칠 안 하구 나가는 거를. 그런 거를 혔지. 저 옛날에 사우디 있잖어. 한참 다들 갈 때 거기두 갔다 왔어. 근디 나중에 신앙촌°°에 미쳐 가지구. 집사 되니까 거기다가 다

° 1980, 90년대 조립식 공법이 유행할 때 구조 자재를 생산하던 업체다.

건축(헌금)을 혔지. 나헌티두 거기에 돈을 보내라구 했어.
근디 (당시) 한미약품 다닐 때 한 달에 7만 원 받았거든? 근디
30만 원, (월급) 5개월치를. 우리 동생한테두 돈 가져가구
뭐하구, 내 남동생은 잡으면 때려죽인다는 소리까지 할
정도로.

그때 연말 때 집에 꼭 오라구 한 날인디, 다방 아가씨네 가서
자다가 가스를 마셨어. 한양대 병원에 입원해 갖고, 여자는
죽구. 그러구 병원 갔다 나와서는 일을 안 혔지.

애가 네 살, 다섯 살 때? 옛날에는 집집마다 테레비가
없었지. 안집(주인집)에만 있지. 거기 꼬마들이, 열일곱
가구가 사니까는, 애기들이 웅성웅성 테레비 보다가
밥때가 돼가지구 밥 먹으라구 하면, 애는 밥을 안 먹어.
밥을 먹었다 그러구 안 먹어. 돈(방값)을 안 내니까는.

그땐 내가 나물 뜯어다가 성남시장까지 가 가지구
나물 하나 팔아 가지구 연탄 하나 사오구. 나물이 안
팔리면은 옆에 반찬 같은 거하구 바꿔 갖고 와서. 하루는
나물을 손질을 싹 해서 씻어다가 갖구 가니까는, 또 잘

○○　　신앙촌은 개신교 계열 사이비 종교 단체 천부교에서
교인들의 신앙 공동생활을 위해 설립된 촌락이다. 이곳에 생활용품
및 악기를 생산하는 공장을 만들어 기업 이름 역시 '신앙촌'이라
했다.

팔리기두 하구.

　　남편이 돈을 벌어 가지구 줘여 먹구살지. 그래서
메칠을, 한 나흘을 굶어 봤어. 애들두 다 굶겼지 뭐. (남편)
정신 좀 차리라구. 그랬더니 애기가 테레비 보다가 엄마,
배가 고파서 물을 먹으니까 배가 벌떡 일어나, 그래. 딸이
그 소리를 허니까 얼마나 기가 멕히냐구.

그다음에, 영감 만나갖고 난리 났지. 충청도 사람이여.
일하다가 만났지. 이혼하기 전에, 중간에.° 내가 집을
나왔잖어, 남편 정신 차리라구. 그랬는디 남편이 만나던
여자 델구 우리 친정에 가서 이혼해 달라구, 도장 찍어
달라구 해서 엄마가 찍어 줘버렸어. 나두 전남편이 바람을
피우구, 두 번째(만난 남자)두 여자가 바람이 난 거여. 그래서
이렇게 맘이 맞구 그래서 인자 합친 거지.

남자가 전엔 대전 철도국 다니구 괜찮었어. 딸 낳구, 아들,
아들 이렇게 삼남매인디 딸은 즈그 엄마가 바람피운 것두

　　° 　사실혼 관계로 지낸 두 번째 남자를 이혼 전에 만난 것은
실제로는 머뭇거리며 말을 빙빙 돌리다가 꺼냈다. 첫 남편은
'남편'이라고만 말하고, 두 번째 남자를 말할 때는 '남편', '영감',
'아저씨', '그 남자' 등을 섞어서 말했다.

알구 그러는디 그거를 동생들은 모르다가 나중에 아들이
이혼시켰어. 도장 찍은 건 아들이 와서 했어. 나랑 있을 때.
　아저씨랑 물 한 그륵 떠놓구 식을 간단하게 하긴
했는디 혼인신고는 안 혔지. 그래갖고 애들(호적)을 나중에
아저씨가 본마누라한테 옮겨 버렸지. 애들 키우기는 내가
키웠어두 손 벌릴 수가 읎어. 애들한테 해준 게 없으니까.

옛날에는 군대 안 갔다 오면, 공무원이 안 된다구 해가지구
아저씨가 군대를 갔다 왔대. 철도국 공무원을 하려구.
(철도국에 들어가려고) 재산 다 팔아 가지구 줬는디, 한 8개월
다니구 나왔어. 그래갖고 나 만나기 전에 이것저것 장사를
했어. 근디 외사촌 형이 옛날에 세무서 국장이었대.
○○○라구, 그 사람이 세무소에 말해 줘서 다니다가. 그
형이 김대중이 밑에서 일하다가 반공법으로 턱 걸려 갖고
잽혀 들어갈 때 같이 들어갔대.
　그때 있는 재산 다 털어먹구 아무것두 없었어. 나하구
만나기두 훨씬 전에 그랬대. 그래서 아무것도 없이
판교에서 살다가 나랑 만났지. 판교에서 만나던 시절부터
아무것도 없었지.

대전 살다가 신당동으로 이사를 했어. 그 아저씨 불알친구가
그쪽에 살아 가지구 그리로 이사를 왔는디, 거기서 인자 또

친구하구 합쳐 가지구, 또 건어물을 하기로 했는디, 덜컥 물건을 떼놓구 가게를 해놨는디, 그 남자 노름빚에 압수당해 버렸어. 그려서 하나두 못 찾구 여기 5가동(양동)으로 온 거여.

지금 (노인정) 회장은 저기 구멍가게 하는 사람인디 아주 악질이여. 나를 성추행했거든, 회장이. 아저씨(남편)는 뭐하냐구 그려서 돌아가셨다구 그랬더니 이렇게 허벅지를 더듬으믄서 자기는 지금 애인이 있다구 그러는 거여. 그려서 (쪽방 건물) 관리하는 아저씨랑 가깝게 지냈어. 아저씨두 혼자, 나두 혼자. 남자가 있어여지 무시를 안 허지. 그려서 이 아저씨랑 합치게 됐지. 지금 아저씨는 내가 매일 저녁 차려 주구 머리 깎어 주지.◦

◦　길순자는 앞선 사람들을 '남편' '신랑' '아저씨'라고 섞어 불렀던 것과는 달리 이 세 번째 남자를 '아저씨'라고만 불렀다. 그녀는 꼭 점심시간과 저녁 시간 사이에 인터뷰 약속을 잡았고, 대화에 물이 오르더라도 저녁때가 되면 '아저씨'에게 저녁밥을 차려 줘야 한다며 자리에서 일어났다. 이야기를 재미있게 하다가 시계를 못 볼 때도 있었는데, 그럴 때면 어김없이 '아저씨'에게서 어디에 있느냐는 확인 전화가 왔다. 아저씨는 길순자의 옆방에 산다.

사랑의 노동°

엄마가 하두 나한테 못되게 했잖어. 인제 아프니까 뭐라
그러는 줄 알어? 나 제발 요양병원에 보내지 마라, 요양원에
보내지 말라구 그래. 그려서 걱정허지 마셔요, 내가 보내지
않을 테니까 마음 편하게 계세요, 그러구 엄마를 눕혀 놓구
교회에 가서 일하구, 낮에 와서 밥 디리구, 기저귀 갈어 주구,
저녁에는 또 나갔다 오구 그랬지.

우리 언니두 기저귀 한 다발 안 사와. 우리 올케두, 우리
동생두 안 사와. 그거를 다 돈을 갖고 써여 되잖어.°° 또 한

° 이 말은 저널리스트이자 작가 매들린 번팅이 가정, 병원, 시설,
임종의 침상에서 여러 가지 돌봄을 해온 돌봄 당사자들을 취재한
책 제목에서 가져왔다. 길순자의 돌봄은 돈을 버는 '정식 노동'에
쓰고 남은 에너지 부스러기를 가지고 해치우는 일이 아니었다.
주로 남성 홈리스들의 이야기였던 『힐튼호텔 옆 쪽방촌
이야기』에서는 '산업 역군'으로 일한 경험들이 주요하게 다뤄졌고,
그 내용은 그들이 '성실히 일해 온 시민'들임을 증명했다. 그렇다면
여성 홈리스도 어떻게 돈을 벌어 왔는지를 강조해서 적어야 하는
것이 아닐까? 고민 끝에 나는 길순자의 돌봄의 경험을 더 자세히
남기기로 했다. 돌봄은 사랑의 영역에 있기도, 노동의 영역에
있기도 하다. "기술인 만큼이나 예술이며, 요령인 만큼이나
전문적인 역량"이다(매들린 번팅, 『사랑의 노동』, 김승진 옮김,
반비, 2022). 길순자가 돌봄을 통해 돈을 벌지 못했다는 이유로 이
경험이 '산업 역군'들의 경험에 비해 덜 중요하게 여겨지지
않았으면 좋겠다.

달에 두 번은 영양제 맞혀 줘. 그때는 3만5000원 두 번, 7만
원. 근디 우리 어므니가 약식, 찰밥, 팥죽 좋아해. 밥하믄서
나는 그거를 주로 많이 해디리구.

내가 일을 갔다 오면은 엄마가 야야 오늘두 고생했다,
고생했다. 엄마 다녀올게, 하면 오냐, 갔다 와라, 그러는디.
그날은 야야, 나 어저께 저녁에 못 잤다, 그래. 점심에 팥죽을
디리니까, 야야 밥이 먹구 싶다, 그래서 예에 내가 밥해
디릴게요, 그랬지. 점심엔 그날따라 또 일찍, 11시에 왔어.
밥해 갖고 팥죽 비벼 가지구. 그거 엄마 잡숫구, 1시부터
일해야 되니까 동(동사무소)에 갔지. 3시에 다시 왔는디,
문을 열어 보니까는 다른 때 같으면 야야, 오늘두 고생했다,
해야 되는디, 주무시는 거여.

○○   친밀성을 기반으로 주고받는 거래에는 분명 돈이 끼어 있다.
비비아나 젤라이저, 『친밀성의 거래』, 숙명여자대학교
어시어여성연구소 옮김, 에코리브르, 2009. 끊임없이 꼼꼼하게
돈의 액수를 언급하는 길순자의 구술은 돌봄을 여성화된 '사적
영역'에서 일어나는 돈계산 같은 것으로부터 자유롭고 순수한
것으로만 보려는 시각에 잘 들어맞지 않는다. 여성인 길순자는
사랑이 많지만, 동시에 돌봄에 얽힌 돈 얘기를 드러내 놓고 하되 그
계산의 이유를 자세히 설명한다. 내 눈에 이는 길순자의 솔직함이
현실을 드러내는 것으로 비친다. 돌봄을 순수한 애정과 희생의
산물로만 본다면 돌보는 사람, 여성의 고난은 그대로일 것이다.
이에 '사랑의 노동'이라는 표현은 적합하다. 거래의 정당함을
따진다고 해서 돌봄의 성질이 타락하는 것은 아니다.

시장 갔다 와서 밥하구 이것저것 하다 보니까 조금 늦어. 1월인디 껌껌허지. 그려서 깨죽을 하나 뎁혀서 갖고 갔어. 근디 엄마 엄마, 일어나요, 밥이 조금 늦는디, 이거 깨죽이라구 얘기했는디 대꾸가 읎어. 세 번째로 흔드니까, 그게 돌아가신 거여. 벌써 그전에.

당신 한복 그거 싹 갈어입히구, 인자 우리 언니한테 연락허니까 왔어. 그려서 언니 불러 갖고 돈 있어, 그랬더니 하나두 안 갖고 왔대. 어므니 돌아가셨는디 돈을 하나두 안 갖고 왔다는 거는 말두 안 되는 거여. 다만 몇십만 원이라두 갖고 와여지. 그래 갖고 병원차 불렀는디 8만 원. 영안실에 있는 거 어쩌구저쩌구 허니까 돈이 또 18만 원. 돈이 싹 들어가 버렸지. 어디 가서 다 없지.

언니 구해 놓구 나는 죽어두 괜찮다구, 다 죽어 가는 거 웃목으로 밀어 놓구 내가 그릏게 컸는디, 근디 언니는 자긴 그거를 몰랐다구.

나중에 우리 올케가 와서 엄마를 경기도 광주로 모셔 갔지. 남동생이 일을 허니까, 부조를 많이 받구 허니까. 그게 인자 삼 년 전인가.

엄마 모시구 살 때 옆방에 아저씨(두 번째 남편)가 있었어. 그때 아저씨두 아퍼 가지구 내가 나갈 때는 요를 이릏게

뚜껍게 해줬어요. 이부자리를, 이불 중간에 또 비닐로 깔구 그 위에 이불 덮어 주구 막 그랬어.

아저씨가 밥때 돼서 점심을 디리니까 밥을 안 잡수네. 기운이 읎어서. 밥 잡숴요, 허니까 조금 잡수더니, 그날 애가 일찍 왔어. 그래갖고 저녁을 같이 먹으믄서 ○○(딸 이름)야, 아버지가 며칠 못 살 것 같다, 그르다가 교회 가는 날, 일요일에 그날은 이상하게 교회를 가여 되는디, 모욕을 시키구 싶어. 그려서 면도하구 모욕 다 시키구 옷 갈어입히구 죽 딱 세 숟갈 넣으니까, 그러더니 가신 거여. 그때가 9시 반이었어. 9시 반에 돌아가셨지.

영안실 사람이, 아주머니, 아저씨는 너무나 깨끗해요. 나 영안실에 몇십 년을 있었는디, 나 이런 거 처음 봤어요, 그래. 살이 이렇게 말리지(마르지) 않구 막 통통하구.

아저씨 옷은 다 맞춰 줬어. 양복 맞춰 줬거든. 그거는 꾸깃꾸깃해두 탈탈 털어서 걸어 놓으면 주름이 싹 펴져. 근디 인제 웃두리가 맘에 안 든대. 그려서 웃두리 또 맞춰 줬지. 딱 그렇게 해서 살었어요. 그 옷 입혀서 영안실로 갔지.

그랬더니 아저씨가 너무 깨끗하다구 그르니까 기분은 좋아요. 인제 아쉬운 게 하나두 없는 거여. 왜냐면 내가 돈두 해줄 만큼 해줬지, 좋다는 건 다 멕여 봤지, 그르니까 나는 뭐 더 할 게 읎어.

나는 꿈이 양로원 이렇게 도와주는 거, 노인네 도와주는
거였어. 그냥 그런 게 좋은 것 같아. 여기서두(쪽방에서도)
장애자가 하룻밤을 자구 가는디 냄새가 나구 해서
세탁기에다 돌려서 주구, 머리 깎어 주구 모욕 싹 시켜서
보냈지. 여자가 남자 모욕 시켰다구, 그것두 흉이 대드만.
그거 때문에 쑥덕쑥덕 하더라구.

꽃동네에서 한 사람 왔는디 그 사람이 또 더럽지. 머리두
길구 그래서 머리 깎으구 모욕 싹 시켜 줬어. 나는 인제
명절날 되면은, 뭘 끓여서 다 노나 줘. 그랬는디 그 노인네가
꼼짝두 안 해서 문 열라 했더니만 막 똥을 누구 난장판이 된
거여. 그래서 목욕을 시킬라구 부탄가스를, 근디 방에 놓구
쓰니까 이불에 불이 붙어서, 가스를 복도에 놓구 썼지.
거기서 목욕을, 한 번 갖고 안 디여, 세 번 목욕을 시켰더니
옆에서, 아이구 나는 그릏게는 못 해, 그래. 이거를 남자로
보냐구, 환잔디.
　세 번째 모욕 시키구 119에 신고를 혔지. 119에서는
환자 주머니에 손을 못 대. 그래서 내가 주머니를 보니까
47만 원인가 있었어. 그거를 넣어 줘가지구 병원에 보냈지.
병원에 갔다가 얼마 안 해서 또 왔어. 또 냄새가 나. 모욕
시키구. 나중에 꽃동네로 보냈다구 하드라.

옛날에 배 회장이라는 사람두 내가 밥을 갖다 드렸는디,
그르면 밥상은 하나니까 상은 회장님 방에 갖다 디리구
우린(만나는 아저씨와 길순자) 신문 깔구 밥 먹구 그랬지.

작년 봄엔가 재작년 겨울에, 밑에(아래 쪽 다른 건물) 사람이
좀 치매끼가 있다구 해가지구는 우리 집 밑으로 왔어.
그때는 또 내가 한 달을 넘게 빨래해 주구 밥해 주구 다 했어.
아저씨두 그 사람한테 잘해서, 뭐 하는 거를 아저씨한테
부탁두 하구 그랬더니, 한(어느) 달에는 머리 감는디 누가
와가지구 그 사람 지갑을 집어 갔네? 아저씨가 팔죽
갖다주구 오는디 금방 쫓어 나와서 내가 통장을 빼갔네,
어쨌네, 그래 갖곤 그 뒤부턴 인제 밥을 안 해줬지. 가만 안
두려구 그랬는디 그냥 그래 말었어.

전에 아저씨(쪽방 이웃) 하나가 우리 집 3층에 사셔서 음식두
디리구 했는디 지금 요양병원 갔다구 하더라구요. 술두 맨날
먹어.
    조금 뭣허다구 요양병원에 보내면 안 돼요. 간호사가
있구 동사무소 직원들이 있는디 사람이 불편하면 동네가
부탁해서 도우미를 보내 줘야지 그냥 요양병원에 보내면
안 돼요. 왜 통장이 요양병원에 보내요. 사람이 좀
이상하다구, 누가 말하는 거 들으면 한 명 보내면 얼마

준다는 말두 있어요. 접때 또 한 사람이 얘기하는 거
들으니까, 아파. 아픈디, 그 사람이 안 간다구 하는디
요양병원을 그냥 보내 버렸다구 그래. 여기저기 그런 말이
막 돌어요.

살아온 몸

화요일은 기도 모임이 있어. 한 30명 밥을 내가 싹 해놔.
나는 허리가 많이 앓었어. 세 번 수술했어. 이렇게 팍
숙이든지 앉어서 해야지 어정쩡하면 힘들어.

　　열아홉 살 때 이 높이, 딱 이 높이여. 서서 이 높이에
철사줄로 이렇게 빨랫줄을 혔지. 옛날에 양옥집에 물 홈통,
이렇게 플라스틱인디 수로에서 벽으로 쏙 들어가잖어요.
거기 철사를 매가지구 빨랫줄을 했거든? 근디 착, 너는디
이렇게 발두 오그라지구 손두 오그라져. 전기에 감전돼서.
사람이 있어갖고 거기서 전기를 내리니까 쿵, 엉덩방아를
찧었지. 그래서 일 년 있다가 병원에 가니까 허리 디스크여.
석 달 열흘 만에 퇴원혔지.

　　서른니 살 때부터 다시 아프기 시작했는디,
엉덩이서부터 어깨까지 전부 파스로 도배하구 있었어.
그때는 파스뱅에 없었어. 응암동에 있는 도티병원○에 가서
침 맞구 파스를 한 달 반치를 타와요. 그러면은 그걸로 다
도배를 했어.

2005년도인가 2006년도인가 척추 수술을 해가지구, 수술한 지 한 5일 됐는디, 선생님, 아무래두 잘못한 거 같어요, 느낌이 와요, 그랬드니 아니 잘 됐습니다, 한번 사진 찍구 오세요, 사진 찍구선 또 잘 됐습니다, 그래. 근디 사진 찍는 디 올라가는 계단이 두 개가 있어요. 계단 한 발 딛구 두 발 딛구 들어갔는디, 발끝에서 여기까지 전기가 막, 쫙. 결국 한 달 만에 퇴원했는디, 집에 와서 걸음을 걷는디 걸음이 팔자걸음. 사람들이 걸음이 왜 그러냐 그래요.

그냥 병원에 갔으면 됐는디, 한 달 있다 오라니까 그 날짜를 채워서 갔어. 그 얘기를 혔지. 그랬더니 다시 입원하세요, 그래갖고 사진을 찍으니까는 뭣이 튀어나왔어. 못 박은 게 튀어나와서 신경을 건드려. 그려서 그때 다시 수술하구, 또 한 달 있다가 나오구. 꼬리뼈에 이 주사를, 물을 넣는다구. 나는 침대에 이렇게, 남자들두 막 우는디 나는 울지 않구 그냥 이렇게 있었어. 한 삼사 년 있다 또 허리를 재수술해.

척추 세 번, 무릎 세 번, 눈두 인제 팔 같은 게 세 개나 들어 있어. 눈이 앞을 못 봐가지구 그거 또 파내구. 손가락 두 개가 이렇게 접혀서 안 펴져 가지구 또 그거 두 번

○   서울시 응암동 소재 소년의집 내에 있는 마리아수녀회 도티기념병원. 무료 구호 병원이다.

수술하구. 우리 올케가 위험한디 말두 안 하구 수술한다구. 그냥 나는 애들 있어두 애들한테 손 안 벌려. 내가 도와주지도 못하구, 그래 그러구 살어.

몇 년 전부터 장애 진단 띠오라 그래서 띠어 가구, 띠어 가구 그랬어. 그랬더니 인제 4급이 됐으믄° 장애 진단 안 띠어두 된다구 그러더라구. 그거 띠려면 1만 원씩 주구 띠어야 되는디, 인제 안 띠어두 된다구.

끝

그 누구한테 이런 얘기 허지 못하구, 지금 뭐허니까 이렇게 얘기라두 하는 건디, 진짜 내가 책 쓰면은 수십 권 쓴다구 그랬어. 할 얘긴 없지만은.

나 끝났어.

° 2019년 7월 전까지 장애 등급은 6등급으로 구분되었다. 현재는 장애등급제 폐지로 두 단계로만 구분한다.

근황

요즘 길순자의 최고 관심사는 남대문5가동 노인정이
제대로 돌아가게 하는 것이다. 사실 길순자가 내게 가장
많이 해준 이야기는 요즘 싸우러 다니는 이야기였다.
노인정 회장과 그 부인, 총무가 노인정을 얼마나 엉망으로
운영하고 있는지, 동네 사람들이 코로나 상황에서 몰래
성매매를 하는 게 얼마나 속이 터지는 일인지, 동네
슈퍼에서 쪽방 사람들한테 수급비로 자꾸 노름을 하도록
만드는 게 얼마나 걱정스러운지, 그런 것이다.

　어느 날 길순자는 지나가는 한 여성 노인을
발견하고는 갑자기 대화를 멈추더니 카페 창밖으로 몸을
내밀어 큰 소리로 불렀다.

　"할매! 할매!"

　사람을 잘못 봤는지, 행인은 이쪽을 흘긋 보고도 답이
없었다. 그는 약간 머쓱해 하며 내게 말했다.

　"저기, 어려운 사람이 있어서 닭 한 마리 갖다줄라구
랬지."

　길순자는 매일을 길게, 열심히도 산다.

에필로그

이재임

1

여성 홈리스 인터뷰 초고를 막 끝냈을 때였다. 그녀의
이야기를 어떻게 담았는지 얼른 보여 주고 싶었다. 공원
화장실에서 가혜를 찾았다. 청소를 하던 그녀는 젖은 손을
허벅지에 슥슥 문지르고 제본한 책을 받아 들었다. 그리고
아주 조심스레 책을 펼친 뒤 이쪽 페이지를, 그리고 저쪽
페이지를 보았다. 찬찬히 책장도 몇 장 넘겼다. 그러는 내내
그녀의 손에는 책이 거꾸로 들려 있었다.

우리는 공원 벤치에 앉았다. 나는 책을 고쳐 들고 소리
내 읽었다. 가혜가 어떻게 공원 화장실에 짐을 풀게 됐는지,
어떤 사람이 가혜를 못살게 구는지를. 가혜의 느릿한
말투도 흉내 내려 애썼다. 내 나름의 해석을 덧붙인
대목에서는 슬쩍 가혜의 눈치를 살폈다. 와이샤쓰 입은
직장인들이 발걸음을 늦추고 엿듣고 가는 게 느껴졌다.

여성 홈리스는 여기에 있다. 이 책은 곁눈질로만
지나쳐 왔던 여성 홈리스의 목소리를 드러내기 위해
그녀들을 찾아다니며 시작됐다.

그 화장실에 가면 가방이 잔뜩 있어. 잠을 거기서 자는

모양이더라고.

□□공원에 밥 먹으러 오던데? 나도 말 붙여 본 적은 없어.

예전에 광장에서 같이 술 마신 적 있어. 요새도 역에 자주 나와 있을 걸.

이런 작은 단서를 쥐고 길을 나섰다. 마주침이 관계로 이어지지 않을 때도 많았다. 여성 홈리스들은 그 흔한 휴대폰도 없는 경우가 많아서 다음 약속을 기약하기 어려웠다. 겨우 마주 앉아 대화를 나눌 때면, 불평등·주거권·빈곤·폭력·젠더 등 우리가 내뱉는 단어에 희미한 표정을 지으며 입을 달았다. 거리는 좁아졌다가 다시 넓어지고 때로는 아득해져서 무엇을 담아내야 할지 망설여지기도 했다. 그렇게 일곱 명이 말하고, 일곱 명이 듣고 옮겨 적었다. 공원 역 화장실 광장 쪽방에서 이야기 나눴다. 여름과 겨울이 갔다. 역파(서울역 파출초) 짤짤이 까마귀(까만 유니폼을 입은, 역사 내 보안 직원) 빵줄(무료 급식줄) 학교(교도소) 등 AI 녹취 프로그램으로는 도무지 해석할 수 없는 그녀들의 은어 속으로 우리는 점차 미끄러져 들어갔다.

2

나는 매주 서울역에 간다. 여행을 떠나기 위해서는 아니다. 서울역 일대 거리 홈리스를 만나며 인권침해를 감시하고 복지 상담을 나누는 홈리스행동 현장 활동을 위해서다. 대합실과 광장, 지하보도에 흩어져 있는 홈리스들과 두유를 사이에 두고 한 주간의 이야기를 나눈다.

　　현장 활동 중 여성 홈리스와 마주치는 일은 드물었다. 광장 어귀에 우산으로 몸을 꽁꽁 숨긴 이가 있으면 여성 홈리스겠구나 짐작하고 두유를 놓고 돌아가는 정도였다. 모자와 머플러로 얼굴을 가리면 그 가린 모양새 탓에 도리어 눈에 띄는 이들이 여성 홈리스였다. 광장이나 지하보도에서 잠을 청하는 많은 남성 홈리스들과 달리 여성 홈리스들은 화장실 변기 위에서 혹은 우산 속에서 경계 태세를 갖추고 잠을 청하는 경우가 많았다. 대화를 나누지 못하니 장기적인 관계를 쌓는 경우는 더욱 없었다. 그러나 그녀들이 스스로 숨기를 택했다는 말은 반만 사실일 것이다. 여성 홈리스들이 숨어야 했던 보다 근원적 이유는 이 도시 속에 그녀들이 머물 공간이 없기 때문이다.

　　코로나 팬데믹 시기였다. 서울시가 위탁 운영하는 노숙인 실내 급식장 '따스한채움터'°는 급식 인원을

ㅇ　　서울역 인근에서 민간에 의해 이루어지던 거리 급식 관행을
개선하기 위해 설립된 따스한채움터는 서울시가 장소를 제공하고

조정할 심산으로 전자회원증을 발급했다. 이로써 급식을
먹기 위해서는 얼굴과 이름이 인쇄된 회원증을 목에 걸고
거리에서 줄을 서야 했다. 회원증 발급을 거부한 사람,
노숙인종합지원센터에 등록된 '거리 노숙인'이 아닌 사람,
쪽방·고시원 등 주거지가 있는 사람은 모두 식사가
반려됐다. 또 회원증을 검사하는 전자 문지기가 채움터
앞에 자리 잡으니, 여느 때보다 긴 줄이 급식소 앞에
늘어섰다. 그만큼 밥을 못 먹고 발길을 돌리는 사람도
많았다. 등이 굽은 백발의 할머니 한 분도 어기적 돌아
나오고 있었다.

"아줌마들은 밥 해먹을 줄 아니까 가래요. 나는 집은
있으니까……."

으레 겪는 일이라는 듯, 그러나 아쉬움을 숨기지 못한

민간 기관은 사전 조리 음식을 가져와 제공하는 방식으로
운영된다. 일반적으로 통용되는 '무료 급식소'가 아닌 '실내
급식장'이라는 모호한 명칭이 붙게 된 것 역시 이 같은 운영
방식에서 기인한 것으로, 그간 서울시는 따스한 채움터가
노숙인복지법에 따른 노숙인 급식 시설이 아니기에 식품위생법상
집단 급식소로 신고할 의무가 없음을 줄곧 강조해 왔다. 2013년,
홈리스행동을 비롯한 시민사회단체는 서울시를 대상으로
따스한채움터의 편법적 운영을 중단할 것을 요구했으나 서울시는
따스한채움터가 사회복지시설로 분류되지 않는데다 시는 공간만
대여하기 때문에 집단 급식소 신고 대상이 아니라는 점을 들어
전환 요구에 응하지 않았다. 현재까지 따스한채움터는
사회복지사업법, 식품위생법, 노숙인복지법의 규정을 모두 따르지
않는 임의 시설로 남아 있다.

말투였다. 여든이 넘은 그녀는 주민등록이 말소된 상태로
지인의 집에서 더부살이를 하고 있었다. 자정 넘어 들어가
잠을 자고 "밥까지 차려 먹기엔 염치없어서" 새벽이면
집을 나와 서울 시내 곳곳의 무료 급식소를 돌며 끼니를
해결한다고 했다. 그러나 이런 사정을 전할 새도 없이
"집이 있다"고 하는 여자들은 "거리" 노숙인보다 월등히
나은 상황이라는 소문이 퍼지고, 거리 노숙인을 위한
공적인 지원에서조차 천덕꾸러기가 됐다.

　이슬 맞고 잠을 자 노숙露宿이라 하지만, 여성
홈리스는 길에서 자는 경우가 드물다. 누구나 예상할 수
있듯이 위험하기 때문이다. 대신 찜질방 피시방
패스트푸드점처럼 돈을 내고 머물러야 하는 곳에서 잠을
청한다. 때론 앞서 만난 할머니처럼 지인의 집을 전전하며
더부살이를 한다. 그러나 보건복지부가 실시하는 「노숙인
등의 실태 조사」는 거리·시설·쪽방을 중심으로
이루어진다. 여성 홈리스의 동선에서 비껴 나 있는 것이다.

　하지만 이 실태 조사를 보더라도 여성 홈리스의 수는
결코 적지 않다. 2021년 보건복지부의 실태 조사에 따르면
전체 홈리스 1만4404명 가운데 여성은 3344명으로 5명
중 1명꼴(23.2%)이다. 여성 홈리스들의 실재를 담아내지
못한 통계인 점을 감안하면 그 수는 더 많을 것이다.

　여성 홈리스의 정신 질환 유병률은 42.1%로
남성(15.8%)보다 높다. 정신 질환은 그녀들이 집을 나오게
만든 노숙의 원인이기도 하고 고단한 노숙의 결과이기도

하다. 이들은 공적으로 보장되는 주거 지원 혜택조차 받기 힘든 경우가 많다. "방에 들어가서 혼자 지낼 수 있겠어요? 시설에 들어가는 게 안전할 것 같은데⋯⋯." 노숙인지원센터를 방문하면 이런 호의인지 차별인지 모를 말을 듣곤 한다.

임신과 출산을 겪을 때도 비슷하다. 여성 홈리스들은 미혼모 쉼터, 알코올성 질환 전문 병원처럼 노숙인 지원 체계 바깥의 유관 기관으로 우선 연계된다. 노숙인 시설에 거주하는 경우에도 성별 차이가 드러난다. 여성 전용 노숙인 요양 시설의 경우, 거주 기간이 유독 긴 특징을 보인다. 2021년 보건복지부의 「노숙인 등의 실태 조사」에 따르면, 노숙인 요양 시설에서 20년 이상 거주한 여성의 비율은 53.4%로, 남성(22.9%)에 비해 두드러진다. 하지만 외출과 외박이 제한되고, 한 달에 한 번 있는 미용 봉사로 거주자의 머리 모양이 모두 같으며, 전화를 걸 곳이 없어져 휴대폰이 쓸모없을 만큼 인간관계가 단절되는 곳이 시설이다. 시설 중심의 주거 정책이 갖는 한계는 이렇게 분명하지만, 우리 사회는 특히 여자들을 '보호'라는 이름으로 시설에 가둬 두고 있다.

또 여성 홈리스가 마주하는 거리 곳곳의 폭력은 그녀들의 일상을 긴장으로 몰아넣는다. 무료 급식소나 응급구호방, 쉼터 같은 공적인 지원 체계를 이용할 때도 마찬가지다. 이때의 위협과 배제는 표면적으로는 이용자 다수를 구성하는 남성 홈리스로부터 비롯된다. 이에 대해

홈리스 당사자이자 활동가인 서가숙은 2018년
홈리스추모제에서 이렇게 말한 바 있다.

> 눈을 뜨면 어디서 자야 하나? 짐 들고 어디로 가지? 이
> 생각부터 한다. 어느 교회에 들어가 잔 적이 있는데,
> 여자는 나가라고 남자가 고함을 지른다. 밤 12시, 어디를
> 가라고. 암담하더라. 앞이 캄캄하더라. 남자는 여자가
> 있으면 잡음이 난다고 시끄럽다고 우리를 내쫓는다. 그때
> 쫓겨나서 어디로 갔는지 기억이 안 난다.
> ……
> 아침을 먹으려고 줄을 서는데, 나는 고개를 푹 숙이고
> 줄을 서는데, 옆에 있던 남자가 하고 싶다고 한다.
> 도대체, 뭐가 하고 싶다는 건가, 나는 무서워서, 그
> 다음날부터 아침을 먹으러 가지 않았다.
> 맨날 가도 나 혼자뿐이다.
> 여자 홈리스들은 남자처럼 보이기 위해 머리를 자른다.
> 숨어 다녀야 한다.

그러나 여성 홈리스를 거리에조차 머물지 못하게
만드는 보다 근본 원인은 젠더 관점이 부재한 홈리스 정책
구성일 것이다. 그녀들의 이야기를 들으며 알게 된 게
있다면, 홈리스라는 이름 앞에 '여성'이 붙는 순간 처하는
환경과 필요가 달라진다는 것이었다.

홈리스행동은 한 여성 홈리스의 주거 지원에 동행한

적이 있다. 서울역 인근에는 고시원과 쪽방이 즐비하지만,
그녀는 "남자가 버글버글한" 그곳에 들어가기를 주저했다.
기침 소리도 넘어오는 얇은 합판 벽, 허술한 걸쇠, 낯선
타인을 어색하게 마주칠 수밖에 없는 화장실과 샤워실을
떠올리니 고개가 끄덕여졌다. 마침 여대와 인접한 서울역
인근에는 여성 전용 고시원도 많았다. 함께 방을 보고 조금
안심이 됐는지 그녀는 그 방을 택했다. 고시원을 나오며
필요한 살림살이를 어떻게 구할지 의논하고 한 달치
월세를 입금했는데, 전화가 왔다. "입금자 이름이
'홈리스행동'인 걸 보니 노숙인 같은데, 미안하지만 안 될
것 같다"는 원장의 말이 이어졌다. 학생과 직장인으로
구성된 고시원 입주자 사이에서 그녀는 이질적인 존재라는
해명이 뒤따랐다. 월세는 고스란히 되돌아왔다.

비슷한 경험을 해온 많은 여성 홈리스들은 주거 지원
신청 자체를 단념하곤 한다. 홈리스를 위한 공간에서도,
여성을 위한 공간에서도 '당신이 있을 곳이 아니'라는 말을
듣기 때문이다. 그러나 그렇게 말하는 이에게는
안타깝게도, 우리는 가깝지 않을 뿐 이미 같은 공간에 살고
있지 않은가.

3

양 팔꿈치에 까만 봉다리를 주렁주렁 걸고 유모차를 밀고 다니는 서가숙은 한눈에 봐도 독특한 외양을 지녔다. 그녀는 홈리스 의료보장을 위한 국회 토론회에 참석하려다 계절에 맞지 않는 옷차림을 했다는 이유로 출입을 제지당한 적도 있다. 하지만 왜 쓰레기를 짊어지고 다니냐는 주변의 타박에 굴하지 않고 그녀가 짐을 고수하는 이유가 있다. 그녀의 봉다리는 홈리스야학에서 공부하며 쓴 메모, 필사한 성경, 귀감이 되는 문구들, 곧 다가올 기자회견에서 읽을 발언문 초안으로 빼곡하다. "안경도 집이 있는데 집도 없이 살아가는 우리 홈리스들" "코로나 시기 홈리스는 배가 너무 고파서 코로나라도 먹을 지경"이라는, 그녀의 집회 발언들은 바로 이 봉다리 속에서 피어난 말들이다.

길순자가 사는 쪽방촌에 폭염 대책 점검차 오세훈 서울시장이 방문했을 때였다. 그는 골목에 소방수를 뿌리며 열심히 동네 온도를 낮췄다. 플래시 세례가 쏟아졌다. 깍듯이 의전을 따르는 수행원들 틈으로 길순자의 카랑카랑한 목소리가 비집고 들어왔다.

"시장님! 쪽방서는 선풍기 틀어도 소용없응게 여따 빨리 임대주택 지으쇼잉!"

그날 거기 모인 사진기자는 수십 명이었지만 아마 길순자의 모습은 단 한 컷도 찍히지 않았을 것이다. 그러나 그곳에 있던 모두가 길순자의 외침을 들은 것은 분명하다.

강경숙은 싸움에 망설임이 없다. 필요할 때는 욕도 거침없이 쓰곤 해서 ○○역에서는 "고집 센 노인네"로 통했다. 역을 이용하는 이들은 괄괄한 그녀를 속으로 흉보고 피했을지도 모른다. 그런 그녀에게 ○○역에서의 생활과 짐을 빼앗긴 경험을 묻자 "할 말이 많으니 차분히 정리할 수 있도록" 펜과 공책을 요청했다. 이 책을 쓴 우리는 다만 조금 더 긴 시간 동안 그녀와 마주했을 뿐이다.

임미희는 가정 폭력을 피해 열다섯 살에 가출하며 홈리스가 됐다. 서울에 도착한 그녀가 자리 잡은 곳은 서소문 텐트촌이었다. IMF 시기 아침이 밝으면 텐트에서 넥타이를 매고 일자리를 찾아 떠나는 남성들의 모습으로 언론에 오르내리던 곳이다. 실직한 남성 가장의 얼굴로 홈리스가 대표되던 그 시기 임미희 또한 10대 여성 홈리스로서 그곳에 있었다. "말만 하면 입만 아프지, 글로 쓸 수 있어 좋다"는 그녀는 홈리스야학 글쓰기반에서 자신의 겪어 온 폭력과 가난의 경로를 차곡차곡 정리해 가고 있다. 거리 노숙과 협성원, 쪽방을 거쳐 임대주택에 입주한 그녀는 여전히 아이들과 함께 살 수 있는 '다른 집'을 꿈꾼다.

국민학교도 졸업하지 못했고 이름 석 자 겨우 쓸 줄 아는 영주는 이 인터뷰를 거치며 누구보다 많은 말을 했다. 그녀는 오갈 데가 없어 고생스럽긴 하지만 노숙이 무서울 게 뭐 있냐고 말한다. 거리의 '삼촌'들을 비롯한 다양한 사람들과의 관계 맺음은 그녀의 생존 전략이다. 역전

파출소의 노숙인 전담 경찰과 누나 동생 하며 역
광장에서도 존재감을 뽐내는 그녀는, 그 경찰의 '찜'에 몇
차례나 시설에 들어갔다 뛰쳐나왔다.

김진희의 삶에 대해 말할 때 '싱글맘'이라는 가족
형태에 대한 정의만으로는 부족하다. 그녀는 이 책을 통해
자신의 삶을 '홈리스'라는 주거 상실 상태로 재해석하는
과정을 거쳤다. 그녀가 겪은 가족해체와 소위 '생계
부양자'와의 단절은 많은 여성 홈리스가 통과하는 노숙의
진입 경로이기도 하다. 남성 홈리스의 노숙은 실직 등
경제적 요인, 여성 홈리스의 노숙은 가족해체 등 비경제적
요인으로 축약되곤 하지만, 자녀와 함께한 김진희의
홈리스 분투기는 '경제'와 '비경제'의 경계를 흐린다.

이가혜는 주변 상인과 허물없이 수다를 떠는 순하고
인덕 있는 아줌마로 통한다. 그러나 대화를 조금만 더 이어
가다 보면 끝은 항상 전쟁으로 죽은 아이들의 시체와
광화문에 빼곡한 군인들의 이야기로 마무리되었다. 누구든
불쑥 문을 열고 들어올 수 있는 공중화장실에서 홀로 잠을
청하는 상황은 곧 육이오가 터질 것이라는 불안과
겹쳐진다. 그런 잠자리를 지키기 위해 불안을 쓸고 닦는
모습을 본 이들은 입을 모아 그녀를 칭찬한다.

그녀들의 가방 속에서, 봉다리 속에서, 자신들의
공간을 지키기 위해 싸우고 분투하고 때론 타협하는
여자들의 이야기가 튀어나왔다. 아직 듣지 않았을 뿐
말하지 않은 것이 아닌, 그녀들의 말에 함께 귀 기울여

보길 권한다. 그녀들의 지리멸렬하고 이상한 말들은 결국
우리 모두에게 평등한 공간이 필요하다는 진실을 담아낼
것이다. 싸우는 그녀들을 응원하며 애틋한 마음으로
주문을 왼다.

　　그　여　자　가　방　에　들　어　가　신　다　…　…

덧붙이는 말

홈리스가 말하는
홈리스 정책

여성 홈리스의 어려움과
이를 보이지 않게 하는 정책에 대하여

서가숙

안경도 집이 있는데, 집도
없이 흘러다니는 삶입니다.

2020 홈리스 추모제

ⓒ 박내현

여성 홈리스는 가명을 쓰거나, 코로나 이전에도 마스크나 야구 모자로 얼굴을 가려 알기도 힘듭니다. 같이 응급구호방에서 자던 이도 마트나 터미널 같이 다른 곳에서 만나면, 자기는 노숙자가 아니라며 모르는 사람처럼 지나갑니다. 여성 홈리스로 지내는 것을 인생 가운데서 삭제하려고 하는 것 같다는 느낌이 들었습니다. 지적 장애, 정신 질환, 트라우마가 있어 빗장을 잠그고 전혀 교류를 하지 않지만, 또 어떤 이들은 보통 사람이 상식적으로 하는 자기방어를 하지 못한 채 당하고 망가지는 일이 많습니다. 여성 홈리스는 남성 홈리스와 달리 경계, 긴장하며 또 상처를 받지 않으려 잔뜩 움츠리기도 합니다. 이미 집안에서 폭력을 당하거나 결혼해서 가정 폭력을 당한 사람들도 많아서 또 당하고 싶지 않으니 자기를 방어하는 것입니다.

여성 홈리스들은 길에서 살면 여러 가지로 당할 일이 많으니 가림막 삼을 겸, 짐을 맡길 겸 남성들에게 의존하기도 합니다. 남성 홈리스도 그렇지만 여성

o   이 글은 2021년 10월 5일, 홈리스행동 등이 주최한 '노숙인복지법 제정 10년 홈리스 지원 체계 평가와 재편을 위한 토론회'에서 서가숙이 발표한 글이다.

홈리스는 마땅히 머물러 있을 데가 없으니 정신병원이나 요양원에 입원도 자주 합니다. 저랑 같이 쉼터에 있던 한 지적 장애 여성 홈리스는 서울역에 온 영주시 소재 요양병원 차를 타고 가려 해 제가 말리기도 했는데 그 이후에는 일이 년 동안 보이지 않고 있습니다. 들리는 소문으로는 김포에 있는 요양병원에 갔다고 합니다.

여성 홈리스들은 사람하고는 안 친하고 화장실하고 친합니다. 안심하고 어디 갈 데가 없으니 공중화장실에 들어가 문 잠그고 몇 시간 있다 나오는 일이 많습니다. 저도 어떤 남자가 계속 쫓아다니고 그러면 마트 화장실에 들어가 한참 있다가 갔겠구나 싶으면 나오는 일들이 있습니다. 사나흘 전, 밤 11시경 서울역 광장에서 젊은 여성 홈리스에게 한 남자가 작정을 하고 왔는지 바나나 등 먹을 것을 보이며 계속 얘기를 걸고, 그 여성 홈리스는 가라고 했지만 계속 귀찮게 굴었습니다. 옆에 있던 남자 노인 홈리스가 여성 편을 들고 큰소리를 내고 그 여성 홈리스가 지하 화장실로 가 숨으니 그 남자는 남성 홈리스한테 "평생 길에서나 살다 죽어라" 하고 갔습니다. 예전 영등포역 안에서 잘 때는 지나가는 한 남자가 제 맞은편에서 자고 있는 한 여성 홈리스를 깨우더니 돈 6만 원을 눈앞에다 대고 흔들지를 않나, 또 어떤 사람은 야한 잡지를 꺼내서 보여 주며 괴롭힙니다. 늘 보이는 데서 널브러져 자니 여성 홈리스를 싸구려 상품 취급하는 사람들이 있습니다.

　가명도 괜찮고 특징을 잘 기록하는 방법도 좋으니 여성 거리 홈리스, 여기저기 숨어 있어 보이지 않는 여성 홈리스들의 리스트를 만들어 뭉뚱그리지 말고 개별적으로 복지 지원을 잘 해줬으면 좋겠습니다. 질환에 따라 병원 연계해 꾸준히 치료해 낫게 해주고, 의사가 현장에 와 진료나 심리 상담을 지속적으로 했으면 좋겠습니다. 보살핌과 관심을 갖고 늘 돌봄으로 지원해야 하고, 복지사 확충할 예산도 늘려 노숙에서 빠져나가 지역사회 일원으로 서기까지 지원해야 합니다. 자꾸 병원이나 시설에 가지 않고 혼자 살 수 있도록 기술 교육, 정신과 진료, 심리 치료, 음악 치료, 미술 치료, 인문학, 정서적 지원, 성인지 교육 등을 해야 한다고 봅니다.

　더 다치지 않으려 숨어 있는 여성 홈리스를 찾아 그들도 사람다운 삶을 살도록 해야 합니다. 여성 홈리스 전용 노숙인 종합지원센터가 교통 좋은, 근접하기 좋은 곳에 만들어져서 샤워도 하고 옷도 갈아입게 해야 합니다. 거울도 보게 해야 합니다. 여성 홈리스들은 손거울도 안 보고 살아 자기 모습을 잘 모릅니다. 저도 언젠가 거울을 보고 '내가 이렇게 생겼었나' 싶어 깜짝 놀랐습니다.

　여성 홈리스들은 짐이 많아 자리를 이동하기 힘들기 때문에 밥을 먹기도 힘듭니다. "식당에 가서 일하면 200은 버는데 여자들이 왜 와서 밥을 먹냐"는 차별적인 말을 하는 이들도 꼭 있어 얼굴이 두껍지 않으면 급식소에도 갈 수 없습니다. 여성들이 쉬는 '일·문화카페'◦라는 곳이 있을

때는 여자들끼리만 먹으니 아주 편했습니다. 그렇게
여자들끼리 먹는 데가 있으면 좋겠습니다.

역 광장에서 사는 분들은 희망지원센터를 주로
이용했는데 코로나 검사 확인증을 요구하니 화장실 이용도
문제입니다. 파출소 화장실도 아무 때나 이용할 수
있었는데 이곳도 코로나 때문에 이용 못 하게 하고
있습니다. 서울역 대합실까지 가기에는 다리가 불편하거나
멀리 움직이면 물건이 없어질까 염려돼 위생팩이나
종이컵으로 대충 볼일을 보는 이도 있습니다. 개인적인
생각이지만 서울역 광장에 공중화장실이라도 하나
만들었으면 좋겠습니다.

외국인 여성 홈리스들은 더더욱 힘듭니다. 제가 아는
할머니는 죽지 못해 산다고 합니다. 자기는 불법이라
아무것도 안 된다며 붙잡혀 중국 갈까 봐 겁이 나 식사도
제대로 못 먹고 폐지를 주우며 길에서 삽니다. 아플 때는
한 편의점에서 주는 소화제로 견딘다고 합니다.
재난지원금도 아무 상관이 없습니다. 이런 분들은 죽음과
같은 삶을 살고 있습니다. 이들을 잘 파악해서, 한국에 어느
정도 머문 사람이라면 지원을 해주면 좋겠습니다.

ㅇ   사단법인 열린복지에서 운영하는 시설로 홈리스를 대상으로
휴게실 및 공동 부업장을 운영하고, 집단상담 및 문화 프로그램,
무료 급식 등을 제공한다. 서울역 서부역사가 위치했던 용산구
청파동에서 운영되다가 현재는 서대문구 연희동에 있다.

누가 주거는 인권이라 했나요? 주거는 의사입니다. 주거는 힐링입니다. 대상이 되는 여성 홈리스, 정신 질환, 지적 장애인, 인격·성격 장애인, 알코올 의존자가 지원 주택에 들어갈 수 있도록 더 예산을 늘리고 더 많은 이가 인간답게 살도록 보살펴야 합니다. 건강히 살려면 주거가 필수입니다. 같이 더불어 살도록 관심과 지속된 지원이 필요합니다. 사회나 정부, 우리 모두가 다시 그들이 설 수 있도록 지지대가 되어 주었으면 합니다. 여성 홈리스들이 폭력과 여러 질병에 노출된 채 더 낮은 낮은음자리표로 내려가지 않도록 해야 합니다.

© 김윤영